O crime
descompensa

Nilton Bonder

O crime descompensa

UM ENSAIO MÍSTICO SOBRE A IMPUNIDADE

Rocco

Copyright © 1992, 2012 by Nilton Bonder

Direitos desta edição reservados à
EDITORA ROCCO LTDA.
Av. Presidente Wilson, 231 – 8º andar
20030-021 – Rio de Janeiro – RJ
Tel.: (21) 3525-2000 – Fax: (21) 3525-2001
rocco@rocco.com.br
www.rocco.com.br

Printed in Brazil/Impresso no Brasil

CIP-Brasil. Catalogação na fonte.
Sindicato Nacional dos Editores de Livros, RJ.

B694c	Bonder, Nilton
	O crime descompensa: um ensaio místico sobre a impunidade / Nilton Bonder. – Rio de Janeiro: Rocco, 2012.
	ISBN 978-85-325-2719-6
	1. Impunidade. 2. Brasil – Condições morais. 3. Ética. I. Título.
11-8158	CDD–170
	CDU–17

*A meu filho e ao seu
mundo do futuro*

Sumário

Introdução 9

CRISE

Assumindo os riscos de uma crença 13
O crime descompensa 17
Em busca de fantasmas 26
As leis que governam a moral e a hipocrisia 32
"D'us é brasileiro" ou tem *green card* 36
Entre o Carnaval e a culpa – nossa terra de ninguém 40

SAÍDA

Em busca de um líder que não seja humano – seja gente! 47
Verás que o filho teu não foge à luta 54
O caminho da cura – neutralizando os cheques que
   dão câncer 59
Pequeno manual sobre como "Um filho não foge à luta"
   no século XXI 63
O cidadão medíocre 66
Coletivo não são todos 70
O bem não tem de triunfar 74
Suportando a impunidade – em busca do que deve ser 80
Modificando o passado 85
Modificando o futuro – instaurando a ingenuidade maliciosa .. 90
Saiba responder ao herege – conversando com outros
   mundos 100
Do sábio/discurso ao profeta/ação 110
Revisitando os Dez Mandamentos 116
Zen e a arte de manutenção do Brasil 123

Referências 127

Introdução

NA CIVILIZAÇÃO OCIDENTAL, o ditado "O crime não compensa" parece ter importância fundamental para a estrutura de valores morais. O Estado moderno adotou esta formulação como básica para seu sistema de justiça. "A justiça tarda mas não falha" é apenas uma outra forma de expressar esta noção de que, de uma maneira ou de outra, em algum momento, a justiça será feita.

No entanto, isto não é um valor, mas uma crença. Afirmar que o "crime é condenável ou ruim" é um valor; asseverar que não vale a pena é uma crença constantemente contestada pela realidade.

A sociedade brasileira vive uma crise fundamentada na diferenciação, no seu sentido mais concreto, entre valor e crença. Como uma nação jovem, liberada há apenas 150 anos (ou será há apenas cem, ou vinte, ou estará ainda por ser liberada?) de tutelas que impediam seu crescimento e amadurecimento, o Brasil dá seus primeiros passos num mundo muito complexo. A redefinição das conceituações do bem e do mal herdadas do período militar, num cenário interno de grandes disparidades, e num momento em que o capitalismo pós-guerra fria recria uma cosmologia desvinculada da ideia de contraposição a algo "perverso" tem deixado perplexo o(a) jovem Brasil.

Terra nova e muito rica, o Brasil ainda é formado por elites que se comportam como no "Velho Oeste" – extraem o ouro, tomam um trago no bar e atiram no primeiro suspeito que pareça estar em seu caminho. A espera de um xerife, por sua vez, é ainda mais danosa, pois sustenta a expectativa de erradicar estas elites sem que se compreenda que a saída é a regeneração e a transformação das mesmas. Os xerifes não sanearam o "Velho Oeste"; a estrada de ferro e o correio cumpriram esta missão. Sobretudo a visão mais consciente de favorecer uma sociedade de pertencer àquele território e não o inverso: a crença de que este lhe pertencia.

A impunidade, acima de qualquer outra experiência, tem sido traumática para a mitologia brasileira e tem colocado em xeque a estrutura ética ocidental que, se herdada, com certeza ainda não foi digerida e integrada por esta sociedade. No político corrupto, nos heróis do enriquecimento fácil, no Gerson que leva vantagem, no policial que dá jeitinho, no fiscal oportunista, na fila que é furada, no imposto sonegado, na especulação generalizada, é possível fazermos uma leitura do estágio de desenvolvimento moral da elite brasileira. Se não houver "policiamento ostensivo", o Brasil salta a roleta do metrô. Ou seja, para esta elite, que dá o ritmo e compasso à nação, onde não há punição impera a impunidade.

O objetivo deste trabalho é ousar (por mérito da ingenuidade e da não erudição do autor em relação às ciências sociais) contribuir para elucidar especificamente o momento do desenvolvimento moral da sociedade brasileira, e sugerir perspectivas de compreensão da realidade que possam ser úteis no enfrentamento dos desafios de sua evolução. Visa, acima de tudo, a aclarar uma perspectiva ética, que não lê na não punição uma realidade de impunidade; uma ética pela qual a sociedade se dê conta de que a questão fundamental não é saber se o crime compensa ou não, mas saber que, definitivamente, "descompensa".

CRISE

Assumindo os riscos de uma crença

A EXPRESSÃO "O CRIME NÃO COMPENSA", ao denotar valor, traz grandes prejuízos, pois faz com que a sociedade se confunda com a expectativa concreta de ver o bem constantemente suplantar o mal, o que entra em choque a todo instante com nossa realidade. Numa sociedade ainda em formação de raízes e de valores é muito comum que o crime compense. Esta matemática está constantemente em nossos jornais ou no dia a dia.

Quando crimes que resultam em dolo envolvendo milhões de unidades de dinheiro são, quando muito, puníveis com quatro ou cinco anos de prisão, não são necessárias contabilidades muito complexas para concluir que o crime, sim, compensa. Afinal, a imensa maioria da população se aprisiona em uma vida inteira de privações e sacrifícios para obter uma infinitésima parte destes valores. Quatro ou cinco anos de detenção punitiva, como pior hipótese, tornam-se uma simples questão matemática.

A ideia de que o crime não compensa é uma crença, ou um valor de outra ordem, que vai além da percepção imediata. Uma crença, por definição, não denota uma realidade simples e constatável, mas sim uma leitura interpretativa dos fatos e acontecimentos. É, em realidade, uma ordenação que orienta a experiência humana. Exige, portanto, um trabalho interior constante de "aparar as arestas" da realidade na busca da revelação última de uma verdade oculta.

Uma crença é a manifestação do que aparentemente é a verdade, de maneira a desvelar uma verdade real dissimulada. Em geral, o sucesso de uma crença é medido pelo mesmo critério humano que julgava no passado se um profeta era verdadeiro ou falso. Isto significa que, se a médio ou longo prazo uma dada leitura não se impõe objetivamente como uma expressão da realidade, ela revela-se *falsa*. Se, ao contrário, for constatável, neste caso poderá ser *falsa* ou *verdadeira*. O mesmo crédito que de antemão constitui o investimento em uma crença resulta no custo que mais adiante será cobrado para sua confirmação como verdade. Há, por assim dizer, uma dimensão de tempo que transcende o imediatismo dos acontecimentos e que serve tanto para não decretar a falência instantânea de uma crença, como para dificultar sua demonstração enquanto verdade.

Portanto, a extensão do prazo de fé que é concedido a uma crença gera um custo que se traduz na maior dificuldade com que esta crença pode ser constatada. Como se o empréstimo de fé com prazos dilatados de uma crença implicasse juros que ampliam seu endividamento com a realidade. Além disso, uma crença também implica garantias colaterais pela fé que lhe é depositada, como uma espécie de hipoteca. Em caso de não cumprimento de uma crença, o risco é acrescido da perda de todo o nosso investimento de fé. Quem já experimentou a falência de uma crença aprendeu que o preço é alto em decepção e ceticismo. Terá, com certeza, descoberto também que isto dificulta no futuro a obtenção de outra "linha de crédito" deste tipo. A evocação de uma crença é dos mais arriscados empreendimentos humanos.

A manipulação, ou o *tirar proveito* de uma crença, fundamenta-se como a maior de todas as perversões humanas. Na verdade, o Brasil (de nossos dias) está à beira de um endividamento muito superior do que possa ser cobrado por credores externos. Trata-se de uma hipoteca que será executada contra nós, enquanto sociedade, sobre todo o nosso patrimônio e investimento de gerações. Somos uma nação com um "oficial de justiça" à porta exigindo ainda mais investimentos de fé ou a decretação de falência.

A atitude cínica e cética daquele que já acreditou e não mais acredita evidencia um processo fracassado de desenvolvimento de um indivíduo ou de uma comunidade. Quando uma criança, por exemplo, descobre que Papai Noel não existe, que se trata de seu pai fantasiado de velhinho polar, ela encontra-se numa encruzilhada similar em seu desenvolvimento. Por um lado, pode constatar que foi traída e guardar para toda a vida uma grande mágoa. Certa de que a magia daquela experiência era falsa, pode criar uma aversão a qualquer forma de crença. Por outro lado, sua reação pode ser bem-humorada, reconhecendo que aquele Papai Noel que concebera não existe, mas que toda a dramatização que seu pai meticulosamente preparara tinha algo a dizer-lhe sobre a natureza de uma estrutura superior e de sua benevolência, até então expressa em presentes. Nesta segunda hipótese, o indivíduo não dispensa sua crença, mas a atualiza à luz de sua mais nova compreensão. D'us passa a não mais ser um velhinho de barbas brancas a distribuir presentes, pois deixa de ser homem concreto para ser representado na sutileza de uma presença e, da mesma forma, deixa de significar um amor que se concretiza na doação de brinquedos para projetar-se como uma proteção ou zelo constante que também pertence a uma ordem mais sutil.

O risco de ceticismo na sociedade brasileira é dramático, pois não revela uma realidade até então manipulada por uma crença, e sim nossa incapacidade de ultrapassar o estágio infantil de uma sociedade imediatista, cuja compreensão da realidade honra apenas o indivíduo, e não o coletivo. Em tal dimensão, cada um busca sua sobrevivência, como na história milenar sobre um homem que começa a fazer um furo no barco onde se encontrava. Reprovado pelos demais passageiros, retrucou que nada tinham a ver com sua atitude, pois fazia o buraco sob seu próprio assento.

Esta mesma infantilidade ética faz-se presente nas instituições que tentam apresentar a ideia de que o crime não compensa como parte de uma cadeia de causa e efeito objetiva, externa. A censura, que não permitia que os filmes ou novelas terminassem sugerindo qualquer possível perspectiva de que o crime compensasse, moldava uma geração cínica que, muito além de alienar-se, criava uma resistência a qualquer valor ou crença. Não possuir instituições confiáveis aos olhos da sociedade para transmitir ensinamentos fez do povo brasileiro um grupo muito "esperto", mas pouco sábio. "Safo", mas deixando escapar verdadeiras possibilidades de crescimento e progresso, cada brasileiro – em particular a elite brasileira – tornou-se um menino de rua. Nossa educação e iniciação como membros de uma coletividade estão prejudicadas e carecemos de instituições que façam de nossos cidadãos pessoas mais sábias. Estamos no limite entre o ingênuo e o perverso.

O crime descompensa

VAMOS TENTAR DEMONSTRAR "ARQUEOLOGICAMENTE" que a origem do ditado "O crime não compensa" é fruto não de uma sapiência ocidental milenar, mas de uma adulteração que se torna um instrumento aprisionador da sociedade no nível ético mais baixo e concreto.

O fragmento ocidental mais antigo relativo ao crime e sua compensação encontra-se no livro de Deuteronômio (11:13-21):

> E eis que se vieres a escutar Meus mandamentos [...] darei a tua terra tua chuva em seu tempo certo, a chuva do outono e a chuva da primavera, para que possas recolher teus grãos, teu vinho e teu óleo. E colocarei gramados em teu campo para teu rebanho, para que te alimentes e te sacies. Porém, presta atenção, para que teu coração não seja iludido, e te corrompas [...] pois, senão, os céus serão trancados e não mais haverá chuva, e a terra não mais produzirá seu fruto [...]

Esta expressão divinizada, centrada num *superego* ou na figura de D'us, dependendo da linguagem adotada, fundamenta uma noção de justiça que pareceria, em primeira análise, tratar-se de um "ancestral da família" do crime que não compensa.

Porém, não o é. Este fragmento de sapiência é relacionado diretamente a uma noção que em nossos dias é identificada como ecológica ou ambientalista. Pressupõe uma cadeia de causalidades muito sutis e que afirmam que o crime "descompensa", em contraposição a "não compensa".

É óbvio e cientificamente constatável que nossas triviais e insignificantes atitudes do dia a dia, como indivíduos, não modificam o clima nem terminam em desastres e tragédias como as descritas no texto bíblico. Verdade é também que hoje este texto nos parece mais claro que no passado, já que identificamos cientificamente uma relação entre nossa contribuição de monóxido de carbono nosso de cada dia e os flagelos de ordem planetária. No entanto, estamos muito longe de perceber que uma atitude de impaciência com um vizinho que nos solicita, por exemplo, possa ao final de um longo ciclo causar o sofrimento de milhares de pessoas. E, se sequer compreendemos isto, podemos imaginar nossa distância de um mundo de ações com este tipo de sintonia; mesmo quando nos tornamos conscientes do encadeamento e da interconexão de tudo, no sentido ecológico, nem assim deixamos de utilizar, por exemplo, nossos carros.

O que parece transparecer do texto bíblico é uma relação de causa e efeito bem mais sutil do que nossa experiência não refinada do dia a dia aponta. Em realidade, a sapiência nada mais é do que a compreensão de uma realidade maior que é abafada e distorcida por nosso aprisionamento ao que é próximo e imediato. A sapiência diz: "Muitos lances depois deste, e você terá a seguinte situação..." O texto bíblico diz: "O crime descompensa o mundo, o teu mundo, a tua terra, a tua chuva etc..." A ênfase está na descompensação que se estabelece na realidade ou experiência do próprio agente de um crime. Possivelmente o texto aponta para um sistema de valores em que o ressarcimento ou o retorno de nossas atitudes é regido por uma diferente distribuição de peso ou autoridade, atribuída às realidades interior e exterior do ser humano.

"O crime não compensa" é descendente de uma outra "família" da compreensão humana, cuja origem poderia ser descrita por um *cartoon* que certa vez vi. Neste, um homem, em sua cela na prisão, refletia: "O crime, *como o concebi,* não compensa." O que o *cartoon* isola é um de nossos comportamentos mais comuns – não conseguirmos compreender nossas frustrações e equívocos à luz de sua essência, de modo que continuamos aprisionados exclusivamente a expectativas de respostas do mundo exterior que imaginamos que, em outras circunstâncias, nos possam ser mais favoráveis. Desta forma, evidenciamos nossa incapacidade de perceber que os mesmos anseios e percepções que nos induziram ao erro ainda norteiam nosso comportamento.

A ideia de que o crime não compensa está no mesmo nível de concretude que a colocação "o crime, como o concebi, não compensa". Dizem coisas diferentes enquanto valores, porém as duas afirmativas são eticamente primitivas e fundamentam-se numa idêntica percepção externa de recompensa/punição. O crime que é entendido como algo que descompensa, este, sim, pertence a outra dimensão, na qual o nível de desenvolvimento moral é de outra ordem.

DIFERENTES NÍVEIS DE DESENVOLVIMENTO MORAL

Há mais de oitocentos anos, Maimônides* tentou categorizar o desenvolvimento moral, utilizando como parâmetro a expectativa de recompensa/punição. Dizia ele que uma criança em seu estágio menos avançado só se esforçaria para aprender ou obter algo quando recompensada fisicamente com uma bala, um presente, carinho ou atenção. Num outro nível, ao amadurecer, um jovem teria condições de mobilizar-se pela expectativa de retorno financeiro ou pela ampliação de seu poder, o que representaria uma capacidade de distinguir recompensas que não fossem imediatas ou mesmo instantâneas. Ao evoluir ainda mais nesta escala, um indivíduo romperia a barreira física, buscando recompensas emocionais ou espirituais, como obter notoriedade, respeito ou deferência dos demais. Prosseguindo em seu desenvolvimento, tal pessoa conseguiria romper a barreira do individualismo e orientar-se pelo desejo de recompensa do grupo ou da coletividade a que pertencesse. Finalmente, segundo Maimônides, um indivíduo poderia alcançar o ápice do desenvolvimento moral ao romper a própria barreira da expectativa de recompensas. Tal estágio pressupõe como sujeito ou objeto de interesse não mais o indivíduo, nem mesmo um grupo, mas o *todo* e não menos do que o *todo*.

A mesma escala, observada pelo prisma da punição, reproduz estágios idênticos: 1) mobilização pela iminência de sofrimento físico imediato; 2) pela possibilidade de um sofrimento físico futuro; 3) pela ameaça de sofrimento emocional ou es-

---
* Moisés ben Maimon – filósofo e comentarista espanhol, em sua introdução ao tratado "Perek Chelek".

piritual; 4) pelo prenúncio de sofrimento físico, emocional ou espiritual de um grupo e 5) mobilização que não é motivada por qualquer espécie de perda.

Na verdade, esta milenar classificação é elaborada em nossos dias por Kholberg, que descreveu seis diferentes níveis de desenvolvimento moral: dois na esfera objetiva de punição e recompensa pessoal; dois no âmbito do bem-estar comum, compartilhado com um grupo, e dois na esfera da atitude regida puramente por princípios.

Podemos retirar desta classificação várias conclusões que nos ajudam na compreensão de questões morais acerca do Brasil. A primeira delas diz respeito ao fato de que as barreiras que demarcam a promoção de um nível a outro de desenvolvimento não dependem apenas do refinamento do próprio ser em relação a si mesmo. As diferenças em escala moral de indivíduos materialistas, emotivos ou espiritualistas é pequena ou indiferente. Ou seja, a realidade moral é pouco influenciada por esforços de autocrescimento exclusivamente centrados na esfera pessoal. O misticismo ou esoterismo dissociado de componentes interativos com o Outro pode no máximo auxiliar a ultrapassagem da barreira física. Conserva, no entanto, o indivíduo preso a expectativas de recompensa/punição, mesmo que em níveis distintos, seja física, emocional, intelectual ou espiritualmente.

Outra conclusão possível é que, apesar de a primeira etapa de desenvolvimento estar vinculada à infância e ao início do processo de socialização, as demais não são exclusividade de nenhum período específico de nossas vidas. Na realidade, convivem com o indivíduo adulto todos os estágios aqui descritos. Podemos, portanto, ter acesso a níveis superiores de desenvolvimento e mesmo assim ver-nos rebaixados a níveis inferiores em muitas situações de vida. Quando acometidos de mau humor, por exemplo, facilmente retomamos estruturas sumárias de recompensa/punição. Ou quando vítimas de uma violência, como um assalto, flagramo-nos reivindicando uma justiça baseada na mais primitiva forma de expectativa. Em outras palavras, o estágio de desenvolvimento moral não é determinado pelo acesso que se tem a ele, mas sim pela capacidade do indivíduo de permanecer e sustentar-se em um determinado nível.

Devemos também reconhecer de uma vez que todos os dilemas morais do mundo adulto encontram-se, por mais primitivos que sejam, entre "bons" ou "ruins". A imagem arquetípica de dois anjos que nos sopram aos ouvidos, de um lado: "faça algo bom", de outro: "faça algo ruim", não expressa a complexidade das questões morais adultas, mesmo em seus níveis mais elementares. Isto explica o porquê de tantos discursos adultos apresentarem consensos tão unânimes que, no entanto, falham ao traduzir-se em postura ou comportamento. Todos os seres humanos adultos, sem desvios graves de personalidade, são contra a guerra, a poluição, a injustiça, o sofrimento etc. A razão disto é que seu dilema não está na esfera do bem contra o mal, mas do bem contra o bem ou de um mal versus outro mal. Assim, nosso comportamento é marcado por decisões, do tipo: ameaças ou guerra; perda de qualidade de vida ou poluição; uma injustiça ou outra injustiça; um sofrimento ou outro sofrimento. É dentro deste universo de complexidades que se descortinam os diversos níveis morais de indivíduos adultos.

Quando duas pessoas estão no mesmo nível de desenvolvimento moral, as questões ficam resumidas à qualidade de comunicação entre estes indivíduos. Neste caso, porém, de uma forma ou de outra, elas haverão de chegar a um consenso. Podem fazê-lo porque compartilham das mesmas regras do jogo. A complexidade maior se encontra em situações em que as pessoas estão em níveis diferentes de desenvolvimento moral. Nesta condição, a dificuldade está em como manter a comunicação e alcançar o fim de impasses. Esta é, sem dúvida, a questão fundamental. Como jogar jogos, quando as regras são diferentes para dois ou mais jogadores? Como dialogar com Marmud Armadinejad? Como lidar numa situação cotidiana no trânsito com alguém que, por formação ou dor de barriga, nos confronta em um nível de desenvolvimento moral distinto do nosso?

Qualquer pessoa que tenha passado por um processo de separação gerado por desencontro moral sabe quão terríveis estas situações podem ser. Mesmo o brasileiro comum, que reclama seus direitos numa fila e se vê afrontado por respostas como "Fica quieto, coroa", sabe que o desafio está posto. Num Brasil de instituições educacionais tão fragilizadas por abandono e "desinvestimento", ou mesmo tão corroído pelo comportamento moral de sua elite e liderança, não é de surpreender a grande incidência de cidadãos vivendo suas vidas em níveis imediatistas e individualistas de desenvolvimento moral. Ou, ainda, num Brasil de tanto sofrimento e privação, não é difícil encontrarmos indivíduos atuando em níveis morais próprios àqueles que têm "dor de barriga" ou que estão ressentidos e rancorosos.

A questão imediata resume-se em estabelecer de que maneira pode se dar a comunicação entre os indivíduos que estejam (ou que mais frequentemente permaneçam) em níveis superiores de desenvolvimento moral e aqueles que ocupem, independentemente das razões que determinaram esta condição, níveis inferiores de desenvolvimento moral.

O distanciamento do comportamento moral das populações que são de "bem" daquelas que são maliciosas e inescrupulosas é um abismo fatal para qualquer povo. O exemplo clássico é o das sociedades de Sodoma e Gomorra. Segundo o relato bíblico, Abrão engaja-se numa negociação com a Divindade para que Ela não as destrua e não declare falida a sociedade entre estas duas cidades, enquanto lá se encontrarem pelo menos cinquenta pessoas de bem. D'us aquiesce. Mas Abrão barganha com Ele, na tentativa de diminuir para 45 este número; não seria pela falta de apenas cinco indivíduos que o édito seria imposto. D'us concorda, e continua a aceitar as propostas de Abrão, até que o número de cidadãos de desenvolvimento moral mínimo encontrados na cidade seja dez.

Abrão estabelece, em sua negociação, o esgarçamento máximo da tolerância moral de uma sociedade, definindo, assim, uma massa crítica mínima capaz de reverter este quadro. Sem este número mínimo, não há acordo. E o número mínimo jamais seria o de um único justo. Isto porque estamos na esfera de processos morais que não dizem respeito à dimensão do indivíduo. Estivesse lá o ser mais puro do planeta, e a resposta divina seria retirá-lo deste lugar, mas não haveria a menor possibilidade de que por causa deste se salvasse toda uma sociedade.

Esta talvez seja a afirmativa mais evidente dentro do texto bíblico de que a "salvação" ou a reparação da sociedade ou das sociedades não pode dar-se pela intervenção de um único homem (ou mulher). Não haverá salvador sem apóstolos, ou discípulos, ou companheiros. Não haverá presidente, por Martin Luter King que seja, por Gandhi que seja, que transforme uma sociedade por inteiro. Tal crença é extremamente perigosa, com custos em ceticismo e cinismo da mesma ordem daqueles experimentados por quem espera na vida encontrar um "príncipe ou princesa encantados".

Se há menos do que um mínimo de pessoas jogando com as mesmas regras, torna-se impossível a mediação de compromissos com outros tipos de regras.

A sociedade brasileira necessita despertar não no discurso, mas na tentativa de que o maior número possível de seus componentes permaneça o maior tempo possível *jogando dentro das regras* que definem um nível de desenvolvimento moral superior. Um nível superior, se não na esfera dos princípios, pelo menos, na do coletivo.

Não se trata de declararmo-nos – *Deus nos livre!* –, semelhantes ao exemplo-limite de Sodoma e Gomorra. O alerta, porém, é grave.

Em busca de fantasmas

É FUNDAMENTAL QUE A SOCIEDADE brasileira consiga ao menos manter-se em um nível adulto de relação moral. Esta é, na realidade, a linha divisória entre uma sociedade e uma Sodoma-Gomorra. O fato de a punição não se impor representa impunidade apenas para aqueles que funcionam no nível infantil de expectativas de recompensa/punição imediata para um único indivíduo. Estes, com certeza, não conseguem avaliar as punições indiretas ou mesmo as punições que transcendem para o campo coletivo e, muito menos, contabilizar o custo de abrir mão de valores na dimensão dos princípios. Quem age ilicitamente e não sofre punição imediata pode ainda ser objeto de punição posterior, exercida pelo braço da justiça humana. Pode também sofrer punições no âmbito coletivo, no qual pode pagar, apesar de seu lucro pessoal, por uma deterioração da sociedade na qual vivem, além dele, seus familiares. Pode, portanto, trazer grandes perdas na qualidade de vida possível para os seus e para seus futuros descendentes. Estaria, assim, constatando o encadeamento de causalidades sutis.

Há um custo, no entanto, que já está embutido no próprio ato ilícito e que, diferentemente das outras possibilidades de custo, é cobrado instantaneamente do infrator. Trata-se do custo na dimensão dos princípios.

Voltemos a fazer arqueologia. Há muito tempo, em períodos pré-históricos, aconteceu o milagre evolutivo em que um primeiro ser humano foi *assombrado*. Tratava-se das primeiras conexões de um novo DOS (*disk operating system*) humano que permitiam acesso aos próprios manuais (aos tutoriais) da essência humana. A programação humana passa a distinguir-se da animal de forma definitiva (período do surgimento do primeiro humano Eva/Adão). Até então, nenhum animal tivera acesso aos arquivos da estrutura humana ou de seus próprios princípios. A história deste planeta deu-se quando um humano foi assombrado pela primeira vez por um fantasma.

Os fantasmas eram produto desta nova capacitação do ser humano, que lhe permitia abrir janelas em meio a seu inconsciente. A partir do lugar destas janelas, destas consciências, o ser humano conseguia gerar um efeito de ordem que mais tarde originaria a crença em D'us. As vozes que ouvia dentro de si, os devaneios e os pensamentos que lhe ocorriam como filmes dentro da cabeça eram todos efeitos desta superposição de janelas.

Este efeito foi o verdadeiro causador de reações novas, não pavlovianas, nunca antes experimentadas. Seu mundo até então instintivo, baseado exclusivamente na infantilidade moral da punição/recompensa, o mundo da realidade do torrão de açúcar, começou a sofrer grandes transformações. Ao caçar um animal, ou matar outro ser igual a ele, janelas se abriam na mente deste antepassado, com a sensação/mensagem de identificação de que o objeto do ato que praticara poderia ser ele mesmo. Estas janelas suscitavam novas janelas, numa sucessão que reproduzia fantasmas. Tratava-se de uma leitura crítica do ser em relação ao próprio ser que esta realidade de janelas passava a possibilitar.

Desde então, os fantasmas tornaram-se elementos importantíssimos no desenvolvimento moral primitivo. Isto porque, muito além da punição, os humanos passaram a temer a impunidade.

O desenvolvimento da cognição do conceito de tempo também influenciou na percepção de fantasmas. Quando algo acontece em algum lugar, basta voltar àquela latitude e longitude para que o local se reproduza. Com o tempo, no entanto, é diferente. Posso estar no exato local onde foram travadas batalhas sangrentas no passado e lá encontrar atualmente uma pizzaria, por exemplo. O que ocorreu com todos os tempos que se superpuseram àquele local? Fizeram-se fantasmas.

Fantasmas, portanto, reverberam em qualquer ponto do planeta onde tenham vivido seres humanos e entre os mais intensos estão aqueles criados por situações de impunidade. Toda vez que uma grande injustiça permaneceu sem ser aquietada, surgiram poderosos fantasmas. Povos como o inglês e o escocês possuem sua própria história e memória codificada nos fantasmas que habitam cada esquina ou localidade histórica. Os fantasmas são indício de uma experiência humana irrefutável, que faz com que aqueles que desejam descartá-la como tal corram o risco da terrível assombração da dúvida de não terem honrado sua humanidade.

Observemos um exemplo que irá tornar mais claro o entendimento acerca de fantasmas. Trata-se do "redentor do sangue", como era chamado pelo texto bíblico. Na jurisprudência bíblica, a justiça só poderia ser plena se, além do aspecto da própria justiça, fosse também considerado o componente *injustiça*, muitas vezes embutido em qualquer litígio. Por esta razão, alguém que viesse a incidentalmente causar a morte de um terceiro, além das restituições que deveria cumprir segundo estipulações do juiz, dispunha de áreas (cidades) de refúgio onde estaria protegido dos "redentores do sangue". Os redentores do sangue eram obviamente os parentes ou amigos próximos da vítima que, além do ressarcimento financeiro, deveriam honrar o sangue derramado. Basicamente esta noção reconhece que o sangue não se aquieta apenas com o equilíbrio da justiça – há um componente de "injustiça" que deve ser neutralizado também.

Se prestarmos atenção, veremos que este conceito não é tão absurdo ou primitivo quanto pareceria à primeira análise. Compreenderemos que explicita um sentimento humano real, que não tem como princípio legitimar vinganças ou revanches. Não existe povo que, tendo sofrido um grande trauma em sua história por meio de massacres ou violências, não viva um dilema angustiante. Se por um lado há a necessidade de perdoar e seguir em frente, por outro, há a premência em aquietar o sangue.

Um exemplo de nossa realidade contemporânea no Brasil também ilustra esta noção. Há pouco, um caso noticiado pelos jornais dava conta de um estupro de uma jovem perpetrado por um militar que era seu vizinho. Ocorre que, logo após o delito, este mesmo militar foi atropelado por um trem e ficou paralítico da cintura para baixo. Em seu julgamento, o juiz deparou-se com uma situação complexa. Se condenasse o militar à prisão, ele – apesar de ser uma pessoa com deficiência física – poderia sofrer retaliações dos outros presos tendo em vista o crime que cometera. Além disso, com a condenação, o pecúlio que caberia ao militar, que era arrimo de família, seria cancelado, causando graves problemas de ordem social.

Por considerar que o sofrimento do réu, bem como a sua incapacitação para repetir crimes idênticos no futuro não o tornavam uma ameaça à sociedade, o juiz decidiu liberá-lo, sob a premissa de que a justiça tinha encontrado equilíbrio. Apesar da coragem do juiz e de seu mérito por considerar-se responsável pela abrangência social de sua decisão, participei de um debate sobre a questão, no qual uma psicanalista levantou importantes dúvidas quanto à lógica de tal decisão. Sua colocação buscava incluir a vítima no cômputo das considerações de relevância do caso. E para a vítima? O que significava o perdão concedido a este homem? Lembremo-nos de que ele era seu vizinho e que, portanto, ela teria de conviver com a presença dele no bairro. Isto sem se considerar que, apesar de a deficiência incapacitá-lo para o ato sexual, não havia qualquer garantia de que sua perversão não viesse a expressar-se de outras formas.

Em outras palavras, este ato de misericórdia, que talvez tenha até mesmo representado a decisão correta, apesar dos questionamentos levantados, dava apenas conta da justiça, e pouca atenção à restituição do equilíbrio da injustiça. Se prestarmos atenção, estamos aqui mergulhados numa questão de fundo ético, em que não tratamos de distinguir o correto do errado, porém o mais correto de dois corretos, ou o mais errado de dois errados.

Esta é a proposição bíblica que, enquanto fundamento teórico, é essencial: olho por olho, dente por dente. Tal formulação não busca dizer que a justiça teria sido feita com o estupro do militar em retaliação, mas que nada menor do que a compensação real, considerando-se a justiça e a injustiça relativas ao caso, conseguiria devolver o equilíbrio rompido pelo delito. A noção de reciprocidade da lei de Talião pode auxiliar pouco na decisão final, mas é fundamental no procedimento e na sustentação jurídica do caso. Sua compreensão de que um olho não vale menos que um olho dá conta de que não nos esqueçamos do sangue ou do sofrimento que clama. Esta lembrança é o esteio de muitas considerações éticas e tem grande impacto sobre o desenvolvimento moral de um grupo.

Se no Brasil de hoje houvesse maior consciência da existência dos fantasmas, ou se o clamor do sangue fosse percebido, haveria, com certeza, menos crimes. Mesmo que a não punição por parte da justiça fosse tão real como é hoje, não haveria esquadrão de extermínio que experimentasse a impunidade.

Trata-se não tanto de espalhar o terror destes fantasmas, mas de tornar claro que eles, sim, habitam a experiência de quem honra sua essência humana. Não existe outro caminho a não ser preservar esta dignidade humana e aquele que almejá-la terá de se ajustar ao caminho. Àquele que não respeitar este caminho, nada acontecerá. Estará, no entanto, fora deste jogo, e sua chance de qualquer realização humana será nula. É como muitos dizem: "Não são gente!" significando que estão fora do quadrante humano.

As leis que governam a moral e a hipocrisia

Certa vez, um discípulo do rabino de Lublin decidiu-se por jejuar de um sábado até o seguinte. Na sexta-feira do último dia de seu jejum, começou a sofrer de uma sede terrível e pensou que estava a ponto de morrer. Naquele momento, viu diante de si uma fonte d'água da qual se aproximou, preparando-se para beber. Pensou então que por causa de poucas horas que ainda tinha por resistir estava a ponto de destruir o trabalho de toda uma semana. Repentinamente, viu-se tomado por um sentimento de orgulho por ter conseguido conter-se a tempo. Quando apercebeu-se disto, disse para si: "Melhor que eu vá e beba, do que permitir a meu coração tornar-se presa do orgulho." Foi então para a fonte e, ao abaixar-se para beber, percebeu que sua sede tinha desaparecido. Ao iniciar-se o sábado (shabat), foi à casa de seu mestre. Este, ao cruzar a sala, fitou-o e disse: "Sua colcha de retalhos."

Esta história, estudada a fundo pelo filósofo Martin Buber, ilustra as diversas pequenas decisões de cunho ético que temos de tomar em uma dada situação. Na verdade, estamos interessados no efeito do encadeamento de opções que expressam um nível de desenvolvimento moral específico.

Talvez devamos começar pela estranheza quanto à forma com que o mestre trata seu discípulo tão zeloso. Afinal, o discípulo acabara de realizar um incrível esforço em sua ascese, conseguindo até mesmo vencer a tentação de beber, e tudo que recebe como reconhecimento é a repreensão de seu mestre. Podemos entender que a primeira inibição foi feita apenas para não perder o esforço investido, não tendo qualquer mérito de ordem espiritual. A segunda, no entanto, foi motivada por um sentimento realmente nobre: melhor fracassar do que em nome do sucesso tornar-se presa do orgulho. Como pode uma pessoa ser chamada à atenção por tão intenso conflito e empenho interno? Não seria isto pedir um pouco demais de um ser humano?

Não está em jogo aqui o sucesso ou não de uma prática. O que o rabino de Lublin compreendia é que o esforço do discípulo era por atingir um nível superior em seu crescimento pessoal com sua reprovação. O sábio afirma que esta não é a maneira correta de obter tal crescimento. Qual seria, portanto, o oposto de "uma colcha de retalhos"? Um trabalho que fosse inteiro, um todo. Algo realizado com uma alma plena, sem idas e vindas.

Martin Buber em *The Ten Rungs & The Way of Man* retoma a questão em sua análise:

> Não estaremos novamente agindo com muita severidade para com este pobre homem? Porque, afinal, neste mundo em que vivemos, uma pessoa pode – "por natureza" ou "por graça", seja lá como cada um expresse – ter uma alma toda por inteiro, e conseguir realizar tarefas que são inteiras, e de "uma só peça", pois sua alma possibilita tal coisa; outra pessoa, por sua vez, pode ter uma alma dividida, complicada e contraditória, que obviamente influencia seu comportamento. O que mais pode uma pessoa nestas condições fazer, senão tratar de vencer as tentações que lhe surgem na

medida em que avança na direção de um objetivo? O que mais pode ela fazer além de, a cada momento, no meio de suas ações, "tentar juntar seus pedacinhos", ou sua alma vacilante e, vez após outra, tentar voltar a concentrar-se em seu objetivo? Que dizer, então, de nossa história onde o discípulo está pronto para sacrificar seu objetivo de modo a salvar sua alma.

Compreender a crítica do mestre implica compreender a lição contida na história. É óbvio que uma pessoa pode tornar inteira sua alma. Aquele que possui uma alma em "retalhos", dividida e cheia de contradições, tem formas de remendá-la: pode agir sobre ela, transformá-la ao colocar forças conflitantes juntas e encontrar um centro para os diversos elementos divergentes dentro dela. No entanto, o mestre aponta para a necessidade de que este remendo ocorra antes de colocarmos diante de nós tarefas muito complexas.

O rabino de Lublin repreende o discípulo por ter assumido tal desafio sem ter inicialmente "remendado" sua alma – o *remendo da alma não pode nunca ser atingido durante a realização de uma tarefa*. Mesmo a realização da tarefa em si não significa que a alma foi unificada e remendada.

Tal qual um exercício físico, que se não atinge o esforço ideal pouco faz por nossa condição física, também as tarefas, por mais difíceis que sejam, realizadas com uma alma em "retalhos", pouco nos condicionam como seres melhores. Esta é a razão de tantas de nossas atitudes, independentemente de seus resultados, nada acrescentarem para a quebra de padrões de comportamento. Aquele jejum realizado pelo discípulo nada acrescenta: diante de outros jejuns ou situações semelhantes, o discípulo continuará a apresentar os mesmos "remendos" do passado.

Esta é a mais terrível e comum das hipocrisias. Desgastamos nosso instrumental moral e ético na exibição de virtudes que não possuímos. O que devemos então fazer enquanto cidadãos? Devemos tornar nossos corações e almas inteiros em relação ao bem comum a que visamos. Não será possível nos empenharmos na busca de grandes conquistas, sejamos cidadãos ou políticos, se não tivermos minimamente "remendado nossa alma". É esta falta de remendo antes de enfrentar os embates da sociedade que torna nosso herói político uma figura patética, tentando a cada momento de sua caminhada vencer tentações que não deveriam sequer surgir.

Vencer a corrupção inerente ao próprio processo de troca e convívio de uma sociedade só é possível com uma clareza muito grande de propósitos. Algo que não é impossível, como muitas vezes queremos crer, principalmente se não tivermos a alma cheia de remendos. É melhor um cidadão que questiona sua motivação para a luta do que aquele que acredita dispor, em pleno esforço por cidadania, da capacidade de defrontar-se com os embates do dia a dia, valendo-se apenas de seu arcabouço moral.

A moral pode, neste sentido, tornar-se o maior empecilho para seu próprio desenvolvimento. A hipocrisia está mais longe do bem comum do que o próprio mal.

"D'us é brasileiro" ou tem *green card*

A COSMOLOGIA DA ELITE BRASILEIRA é bastante curiosa. Se analisarmos os mitos relativos à cidadania dentro das elites brasileiras, perceberemos algumas contradições importantes. Por um lado, desde os primeiros movimentos nacionalistas que antecederam a independência, esta elite flerta sucessivamente com os padrões de outras sociedades. Do período português ao francês e ao inglês, passando pelo modelo americano do período *green card* nova-iorquino ao de Miami, alternam-se propostas de como lidar com o complexo provinciano que experimenta a elite brasileira. Por outro lado, esta elite apressa-se em dar passaporte e cidadania ao Eterno – D'us é brasileiro.

Neste comportamento, há uma projeção interessante do ponto de vista psicanalítico. É como se perguntássemos "E você é brasileiro?", e ouvíssemos como resposta: "'D'us é brasileiro." Meu ego não é brasileiro, meu superego sim.

A pergunta a ser feita é: *o que isto significa?* Nossa busca não é xenofóbica, visando determinar qual o mínimo para que alguém se perceba cosmologicamente brasileiro, ou o *quantum* brasileiro, mas em que medida esta autopercepção representa um mito que promove ou desagrega a identidade brasileira. Mensurar maçãs com maçãs é possível teoricamente; já maçãs com laranjas (ego e superego), só em laboratório. Passemos ao laboratório.

Durante o período de minha formação rabínica, aconteceu certa vez de estarmos numa aula analisando textos pré-medievais que versavam sobre "o mundo vindouro". Os mencionados textos, de acordo com o estilo da época, eram ricos em detalhes, muitas vezes bastante concretos, apesar de seu caráter especulativo. Com certeza, vários de nós estávamos incomodados com proposições que não se coadunavam com nossas mentes analíticas de final de século XX, nem mesmo com o caráter acadêmico e cientificista da cadeira em questão. Num dado momento, um dos alunos entregou-se à irritação que os textos nos causavam e questionou o professor. Disse ele: "Professor... de que maneira devemos ler o conteúdo destes textos? Nós certamente não acreditamos nestas propostas quase infantis de um mundo vindouro."

A pergunta é clássica e expressa a dificuldade de harmonizar determinado tipo de crença, que serve de fundo e base para nossa estrutura mitológica, sem trair nossa inteligência. De certa maneira, todos ansiávamos por aquela resposta, com a certeza de que seria conceitual e de que nos traria luz sobre inúmeras outras questões. Afinal, sabíamos que para responder de forma consistente, o professor teria de demonstrar ser ilusória a percepção de nossa inteligência, ou teria de reduzir elementos fundamentais da fé à categoria de meras alegorias. Ambas as possibilidades nos eram fascinantes.

E a resposta veio. Colocando a mão no bolso, o professor tirou a carteira. Procurou com cuidado e sacou uma nota de vinte dólares. Voltou-se com um certo ar de gravidade ao aluno que desferira a pergunta e disse-lhe: "Se é assim, toma estes vinte dólares e me vende a tua porção do mundo vindouro."

Nossa reação de surpresa inicial foi dando lugar a uma profunda angústia. De um lado, entendíamos que o "mundo vindouro" era uma alegoria, e que a possibilidade de comprar as "participações" de nosso colega era ridícula e descabida. Portanto, não havia razão para não pegar os vinte dólares e gastá-los num bom restaurante, entre risos e comentários sobre a facilidade com que foram ganhos. De outro lado, parecia-nos extremamente assustador que nosso colega aceitasse este dinheiro de maneira inconsequente, sem saber com que forças estava mexendo.

Em outras palavras, aquela nota quantificava e concretizava algo que até então nos era impossível identificar. Passaram-se alguns minutos e, diante da hesitação do aluno, o professor acabou por recolocar a nota na carteira e prosseguir, sem mais nada acrescentar à pergunta. Estava claro para todos nós: o ser humano comporta este tipo de contradição. O doutor Spock, famoso personagem do seriado *Jornada nas estrelas*, teria dificuldade em lidar com tudo isto, mas nós, humanos, conhecemos bem os riscos de não honrar nossa natureza. O cinismo ou a ingenuidade são os custos, de um extremo ao outro, de não suportarmos a convivência com estas contradições.

Se do laboratório retornarmos à nossa questão, poderemos tirar algumas conclusões. *D'us é brasileiro* é uma identidade *per si*. Por mais que o ego de muitos não acredite nisto, não há valor tirado da carteira que faça com que abramos mão deste sentimento, permitindo, por exemplo, que D'us tenha acesso a um *green card*. O fato de D'us ser brasileiro é sentimento inegável de qualquer brasileiro no exílio que sonha com guaraná ou feijão, ou em qualquer torcida de competição esportiva. Expressa algo inalienável de todos nós, um bem que nos é comum.

O flerte das elites com outras sociedades do mundo desenvolvido e chique não representa um problema, se estas compreenderem que elas mesmas jamais aceitarão de corpo e alma um *green card*. Numa era onde a fraternidade não é mais um luxo, mas representa a própria sobrevivência, nós, no Brasil, ainda estamos engatinhando na conscientização da cidadania. A distância entre esta descoberta (de que a contradição é a identidade *per si*) e a mensagem explícita na expressão xenófoba "Ame-o ou deixe-o" equivale à percepção de que o Brasil ideal não é um país que se vê livre de uma parcela de sua elite, mas sim um país que a educa e esclarece.

Não há saída de outra ordem. A dimensão do problema brasileiro é da ordem da educação, tanto do povo como das elites. É da ordem dos modelos e dos heróis também. Nosso herói não deveria ser o médico ou o engenheiro, nem o militar, nem o empresário, nem o trabalhador, nem o político, nem o juiz, nem o sacerdote ou guru, mas o mestre.

A habilidade máxima do ser humano é alcançar a posição de professor. As maiores e mais poderosas figuras de nossa civilização foram mestres. A economia e a política não podem ditar os rumos de uma nação. Ambas são apenas instrumentos de pessoas que foram educadas com a função de encontrar opções práticas para os problemas de sobrevivência e convivência. A educação antecede a tudo. D'us só existe na educação, a moral só existe com educação, e o sentimento de fraternidade só existe com a educação. Só há noção de bem comum com a educação.

Entre o Carnaval e a culpa – nossa terra de ninguém

Pouco a pouco, o Brasil do Carnaval vai dando lugar ao Brasil da culpa. A explosão de alegria que era resultado químico da mistura deste povo e desta terra está dando lugar a uma outra mistura explosiva – a sensação do que está sendo feito com este povo e com esta terra. O discurso nacional, avaliado no pregão diário dos bares de todas as esquinas, demonstra uma queda no batuque na caixa de fósforos e nas plenárias futebolísticas e uma alta nas falas *sermonizadas*. Esta *sermonização* do discurso, efeito colateral da culpa, é evidenciada também no vetor do mito de "incorporação" nacional. Não faz muito tempo e as praias e terreiros estavam repletos daqueles que buscavam a incorporação dos "espíritos selvagens" ou dos "espíritos da natureza", representando nestas entidades-guia aqueles que lhes mostravam o *caminho*. Rapidamente, no entanto, o vetor trocou de direção: proliferam os templos nos quais a incorporação destes espíritos "selvagens e da natureza" é exorcizada como a manifestação de entidades perversoras que nos desviam *do caminho*.

Esta revolução da culpa no país não é tão surpreendente, uma vez que ela é um efeito característico da natureza humana. O sábio constata facilmente que "nossa consciência é maior que nosso juízo e, portanto, não é surpreendente que nos enclausuremos na culpa". Assim, o Brasil do Carnaval é presa fácil da culpa da mesma forma que os índios desta terra foram vítimas fáceis para os vírus da gripe e os espelhinhos cheios de sortilégios a eles distribuídos. Não possuíam anticorpos nem para as novas doenças nem para os novos sortilégios.

E quais são esses anticorpos? Qualquer sistema conscientizador (e, portanto, culpante) traz em si uma expectativa punitiva. A consciência é objetivamente menos tolerante que a ingenuidade, pois ela afirma, distingue e classifica. Portanto, toda consciência sadia deve ser temperada com moderadores que relativizam aquilo pelo qual nos tornamos cônscios. Esta é a razão pela qual o perdão é efeito tão próprio da consciência sadia quanto o é a culpa. Perdoar significa não elevar a consciência à condição de absoluta, podendo experimentar com desprendimento aquilo que esta discerne. Assim, uma consciência sadia afirma algo com a certeza e o desapego de que assim o é até que não mais o seja. Reconhece, por um lado, que a consciência de hoje é distinta da de amanhã, enquanto que, por outro, sabe que o discernimento de um indivíduo é único. A consciência de um indivíduo pode compartilhar a consciência de outros indivíduos e com ela comunicar-se, mas as nuanças e premissas que a fundamentam jamais serão idênticas.

É exatamente na capacidade da restrição ao impulso punitivo originado na consciência que abrimos espaço para uma outra opção que não tenha de recair nem no Carnaval nem na culpa.

Opção esta que não está preocupada (como o Carnaval) com a liberdade, mas sim, com a escravidão; que não se ocupa (como a culpa) com a punição, e sim, com a impunidade. Uma opção que não se proponha aceitar ou rejeitar, mas integrar. Opção que se negue a dar tanto ao sonho como à crítica a legitimidade de representar um ideal social. Não se trata de incorporar ou exorcizar, mas encarnar.

Esta característica de exterioridade que tem tanto o sonho (o que queremos incorporar) como a crítica (o que queremos exorcizar) é nociva e retarda a instauração de um processo de comprometimento social. O sonho e a crítica não são formas eficazes nem seguras para que sobre elas se fundamente uma sociedade com toda a sua complexidade.

O pêndulo que hoje, no extremo da crítica, pede por punição é o mesmo que em breve estará no extremo do sonho e da complacência. Faz-se necessário e com urgência que tratemos nossas crises com maior equilíbrio e sabedoria.

Obviamente não se trata de abandonar nem o sonho nem a crítica, pois ambos são reações próprias dos seres humanos diante de crises. Trata-se de dosá-los de maneira que não prejudiquem a saúde coletiva. Tal como a vacina, ao inocular no corpo enfermo a medida exata das doenças ou venenos contra os quais este combate, estimula a produção de anticorpos, também deve a crise disseminar no sistema coletivo a medida precisa do próprio descontentamento e penúria de um grupo para que possa, como um antídoto, fazer efeito.

O sonho "circulando" em demasia pelo sistema coletivo significa que os anticorpos da crise não são suficientes ou apropriados, e as intenções em muito sobrepujam a eficácia da sociedade. Por sua vez, a crítica em demasia, o exagero no rigor com que nos compreendemos, evidencia um sistema sobrecarregado destes anticorpos. Neste caso, poderíamos dizer que o coletivo apresenta uma disfunção semelhante à leucemia.

As dosagens de "Carnaval" e de "culpa" são medidores fiéis da saúde de uma crise. Nesta terra de ninguém da combinação própria entre os dois, se estabelecem os acordos de paz entre a condescendência e o remorso. Esta terra de ninguém é o espaço em que não incorporamos e não exorcizamos algo externo a nós como uma entidade, mas onde encarnamos – fazemos passar pelo crivo de nossa própria essência e natureza – as possibilidades que uma crise descerra. Tempo de crise não é um momento marcado nem pela aceitação nem pela rejeição – é tempo de integração.

SAÍDA

Em busca de um líder que não seja humano – seja gente!

Para a maioria das pessoas, a oportunidade de refletir sobre a concepção de um indivíduo ideal só se apresenta no momento de escolha de um líder. Nestas ocasiões, como reação de repulsa aos presunçosos e prepotentes, tendemos a buscar alguém que nos pareça mais humano. Tal atitude, infelizmente, nos leva a reconhecer posteriormente que cometemos um engano. O humano é aquele que, ao ser testado pelos grandes desafios do mundo das ações e atitudes, que é o mundo político, acaba por valer-se exatamente desta sua condição: "Ah... mas eu sou apenas humano!"

Não queremos mais os humanos nem os *des-humanos* imodestos que se acham capazes, justamente numa situação de liderança, de vencer seus desvios mais profundos. Estes, quando muito, farão de suas almas "colchas de retalhos". Não buscamos os heróis fantasiados nem os simplórios incompetentes, pois ambos são maliciosos. Nossa procura é por alguém que seja gente. E, por incrível que isto nos possa parecer, há critérios para se encontrar um líder "gente". Num artigo* sobre o "extremismo de centro", Marian Neudel faz observações valiosas sobre a figura jurídica de gente que adapto para nossas questões. Vamos, portanto, definir um líder gente:

---

* *Tikun Magazine*, Summer 1990.

AS COISAS RUINS QUE SÃO BOAS NUM GENTE

A consciência de que seu código moral admite comportamentos inescrupulosos

Desconfie de qualquer um que deseje passar a imagem de que seu código moral é de tal ordem que está imune a procedimentos mafiosos. Todo indivíduo é capaz de organizar seus padrões de justiça em torno de racionalizações e justificativas que o beneficiem quando apoiado por um ou mais indivíduos além de si mesmo. Quando um outro nos diz: "e não é verdade então que...", indo sua sugestão de encontro a nossas expectativas, talvez possamos resistir à mesma. Porém, o fato de alguém acreditar-se imune a isto revela falsidade ou hipocrisia e não se deve confiar neste indivíduo.

O desejo de implementar e melhorar a qualidade de sua hipocrisia

O *gente*, ao mesmo tempo que não ostenta uma supermoralidade, é alguém que jamais abraça a defesa de sua "humanidade", justificando-se por meio da colocação "mas todo mundo faz isto". Mesmo que faça o que todo mundo faz, o *gente* sabe que é seu dever desencorajar aqueles que fazem o que ele mesmo faz para que não sejam complacentes ou orgulhosos com suas ações. Deve, portanto, estimular os outros a esconderem seu comportamento errado e a serem hipócritas. Não deve conter sua reprovação mesmo que consciente de que ele mesmo age desta forma. Assim, deve o próprio *gente* ser hipócrita para com seus erros. Mesmo que esta atitude pouco possa contribuir para a diminuição da delinquência em uma sociedade, não há dúvidas de que a hipocrisia é melhor que a condescendência num contexto social.

Evidências desta hipocrisia bem aplicada são encontradas quando, ao contrário, o *gente* sabe revelar-se faltoso. Realiza isto apenas quando percebe que seu gesto implica maior aceitação do "humano" em nós a *posteriori*; quando expõe suas fraquezas no desejo de encorajar os decepcionados e deprimidos com suas próprias condutas. Ou seja, sua hipocrisia não serve para ele afirmar-se diante de outros que são "meramente humanos", mas visa apenas a não lhes permitir esta escusa. O *gente* sabe que o que nos parece natureza num dado momento há de revelar-se como hábito em um outro instante.

AS COISAS BOAS QUE SÃO RUINS NUM GENTE

A boa intenção

Outra forma de sermos "'humanos" é exacerbando nossa expectativa de humanidade. Dizemos: "Como pode fazer isto... Você não é humano?", com a certeza de que o "humano" pressupõe englobarmos todos os ideais humanos em nossa composição. Aquele que se pauta apenas pelas boas intenções não há de ser um *gente*, pois acaba acuado na ineficácia. Pensamos muitas vezes que é melhor não realizar algo do que fazer a coisa certa pelas razões erradas; ou que fazer algo errado tendo como motivação uma razão correta é até mesmo louvável. Porém, nos enganamos.

O *gente* sabe que é mais fácil modificarmos nossa consciência por meio da transformação de nosso comportamento do que modificarmos nosso comportamento pela transformação de nossa consciência. A ação eficaz é mais importante do que as intenções.*

Não se trata da afirmação de que os meios justificam os fins, que é o curso da ação do inescrupuloso. Em questão, na realidade, está o fato de que é melhor fazer algo decente, mesmo que inadequado, do que nada fazer. Marian nos dá um exemplo:

> Há muitos anos, dediquei-me a estudar a vida e os escritos de Gandhi. Num determinado instante, me vi bastante decepcionada com a maneira com que tratava sua mulher e basicamente o condenei como um sexista. Gandhi, no entanto, formulou alguns conceitos que são notáveis e realizou feitos que são admiráveis. Em vez de desqualificá-lo como inadequado, resolvi admirá-lo pelo bem que realizou. Resolvi a partir de então que, na próxima vez em que me deparasse com um sexista, perguntaria a mim mesma: "Pode esse sujeito ser um Gandhi dissimulado?"

O *gente* não está interessado em definir-se como uma utopia humana, como um herói. Ele desafia a ideia de que qualquer pessoa que se oponha a um mal, mas não a todos os males, é menos confiável do que os expoentes de um ou mais males. O *gente*, mesmo compromissado com sua consciência, é primeiramente um homem/mulher de ação, de eficácia. Neste sentido, o *gente* irrita o intelectual, porém este mesmo intelectual o/a admira.

---

* Não estamos falando aqui da controvérsia entre o que é mais importante: o estudo ou a ação. Estamos em pleno campo e curso da ação. Nestes, a boa intenção é insuficiente como definidora do que é ou não positivo.

Em outras palavras, o *gente* unifica a sua alma (em vez de mantê-la em retalhos), mesmo que nesta coalizão convivam sentimentos ou percepções equivocados. Sua decisão por esta integração só é possível porque ele é um ser eficaz. Caso ele quisesse honrar as infinitas cadeias de "boas intenções", com certeza se perderia no imobilismo, transformando-se em retalhos.

A *convicção*

O *gente* é aquele que percebe que o mundo das interações não é o mundo do convencimento mútuo. O desejo de convencer alguém expressa a crença de que uma razão pode ser compreendida por todos e de que a unanimidade é uma possibilidade proporcionada pela oportunidade de apresentação dos argumentos. O *gente* sabe que sua exposição enquanto pessoa, muito mais do que o convencimento, aglutina multidões. Sabe também que, apesar de coletividades organizadas com o intuito de realizar o bem representarem o mais perigoso e poderoso instrumento para a realização do mal, mesmo assim as pessoas podem, coletivamente, ser agentes do bem.

Estamos tentando estabelecer aqui um jogo que poderia prosseguir adiante com a intenção de desvincular virtudes e fraquezas da associação que relaciona rigidamente aquelas ao bem e estas ao mal. O *gente* é composto do que é humano – ele o honra e respeita. No entanto, o *gente* sabe bancar esta humanidade não como um limite de si mesmo, mas como a matéria-prima sob a qual executa sua arte de "fazer-se gente".

Todo aquele que escolhe um líder tem como obrigação averiguar o quanto a "personalidade *gente*" está sendo cumprida. Qualquer um que descambe para o "angelical" ou para o "humano" não é confiável. Talvez somente quando esta consciência fizer parte do comportamento daquele que elege, poderá ser efetuado com coerência aquilo a que se propõe. Porque não há ser humano que resista ao patrulhamento sobre ser ou não humano. É claro que é humano. E não há ser humano que, passando-se por anjo, não seja desmascarado. Só um *gente* pode ser julgado e avaliado. Só um *gente* pode estabelecer uma relação verdadeira entre o que confia e aquele em quem se confia. Nos outros casos, qualquer condenação ou questionamento daquele em quem se confiar implica igual condenação e questionamento dos que lhe impuseram uma tarefa impossível – ser o que todos sabemos que não pode ser.

A humildade

Não confie em ninguém que não seja capaz de assumir suas virtudes e de reconhecê-las. Faça isto para que a pretensa humildade deste alguém não se transforme na expressão de um simplório. A incapacidade de aceitar para si o que de direito é seu pode fazer alguém perceber-se patético. É por causa desta atitude "humilde" que, em nosso mundo, um cidadão vil, que ocasionalmente aja como um *gente*, ganhe muito mais publicidade do que um indivíduo que, sendo um *gente*, ocasionalmente age como alguém vil.

A humildade mal aplicada é uma "virtude" que atrai críticas e patrulhamento ideológico. Ao contrário do que muitos pensariam, aquele que preconiza suas boas atitudes na medida exata de seus feitos não se coloca numa posição invejável. Há uma certa propriedade que é estética, da mesma forma que um gesto ou expressão delata não o certo ou o errado, mas o honesto e o sincero. Na busca de um líder, todos sabemos instintivamente que não estamos em busca de anjos, mas sim de *gente*. Os anjos não são seres políticos e, com certeza, não são estéticos no mundo da atitude e da ação.

Na luta do *gente* por honrar-se é que se compraz o Criador.

BREVE TABELA PARA IDENTIFICAÇÃO DO HUMANO QUE NÃO É *GENTE*

Cuidado com:	Quando o termo quer dizer:
O BONZINHO	Qualquer um com discurso de aspirante ao bem, mas que não saiba de suas imperfeições.
O JUSTO	Apenas para com os seus.
O BEM-INTENCIONADO	Totalmente e sempre ineficiente.
IDEAIS	Propostas encaminhadas de tal forma que jamais se tornarão realidade.
LIBERAIS	Qualquer um com uma mentalidade um pouco mais moderna e evoluída que um Torquemada.
A RETÓRICA	Qualquer locução cujos verbos e objetos neutralizem uns aos outros.
O UNIVERSALISTA	Alguém que quer que o universo todo aceite seus argumentos.
O HUMILDE	Qualquer um que queira esconder o gigante de seu ego por trás de seu discurso pigmeu.

Verás que o filho teu não foge à luta

O CARÁTER INDIVIDUAL DA LUTA pela preservação da sociedade, sugerido pelo Hino Nacional, é fundamental. Resgatar a noção de que "o filho teu não foge à luta" é tarefa muito complexa em nossos dias. Vários níveis de interferência e ruído dificultam esta tarefa. Esta expressão sugere noções de alistamento e militarismo, que arrepiam a alma do brasileiro/a, pelos ressentimentos ligados à história recente. Desperta, por um lado, os fantasmas dos idealistas que perderam a vida na adoção deste lema, ao se rebelarem durante o período militar, além de reviver a frustração daqueles que, por este mesmo lema, tiveram a vida pessoal atormentada e afetada. Traz, além de tudo isto, a marca anacrônica de uma compreensão de mundo que depositava esperanças messiânicas na ordenação cívica e patriótica, em meio a uma nova realidade de aldeia global, de interesses globais exemplificados na questão ambientalista e numa economia mundial interdependente. Fala do filho e esquece a filha; fala de luta num mundo onde a guerra representa a falência maior, um insulto à dignidade humana. Esbarra numa nova era muito mais centrada na proposta de "um por todos" (holográfica) do que na de "todos por um", como aparentemente sugere o hino. Por onde começar?

Uma expressão, no entanto, sobrevive às mudanças de linguagem e expectativa do último século – "não foge"! Não fugir ainda é um comando fundamental na psicanálise, na ética, na espiritualidade, e mesmo dentro da economia. É a partir daí que resgatamos uma essência ou um valor enclausurado pelas barreiras que o tempo impõe. Não fugir de quê?

Vamos tentar um exercício para decodificar a sapiência da proposta "de o filho não fugir à luta", numa linguagem pertinente aos novos tempos, às novas eras e ao fim do segundo milênio. Vamos falar de duas obrigações das quais não devemos fugir: a iluminação e o caminho da cura.

a) *O protesto como forma de iluminação e autoconhecimento*

O maior risco de nossos tempos é a sensação de que podemos chegar à iluminação sentados em nossa pequena almofada de meditar. Ninguém se autoconhece só, como um eremita. Uma das maiores instruções iniciáticas da tradição judaica diz: "Não te afastes da comunidade!" A disciplina de permanecer horas imóvel meditando não é nada comparada à paciência e à tolerância que é exigida na convivência com próximos e vizinhos. Em outras palavras, ninguém é bom porque não é mau. O fato de você não causar mal a ninguém não o torna, por definição, "bom". Na verdade, o não envolvimento, devido à natureza humana, é uma das formas mais ativas de envolvimento. Explicita isto o comentário *Tanchuma*, do século V:

> Se uma pessoa participa das questões públicas e serve como juiz ou árbitro, dá com isto estabilidade a sua terra.
> Mas, se fica sentada em sua casa e diz para si mesma: "O que tenho eu a ver com estas questões da sociedade... Por que deveria me dar ao trabalho de escutar as vozes que protestam? Deixem-me ficar tranquila, em paz!" Se faz isto, destrói e subverte o mundo.

Portanto, qualquer proposta que não seja comunitária infringe o conceito de "não fugirás". Representa aquele que encontra a luz, mas que, por falta de escuridão, descobre seu trabalho inócuo. Um indivíduo se transforma em discurso, o que é em si um grande desperdício diante do potencial de um ser humano. Uma outra pequena história torna esta noção ainda mais clara:

> Disse certa vez Reb Acha:
> – D'us nunca pronunciou um julgamento favorável do qual tivesse se arrependido ou se retratado, salvo um: "E D'us disse a Seu anjo: Vá pela cidade, através de Jerusalém, e coloque uma marca na fronte daqueles que se distanciam das iniquidades e abominações que lá são cometidas (Ezequiel 9:4)." (Protegendo-os, portanto, dos anjos que eliminavam os perversos.)
> No momento deste édito, o Grande Promotor apresentou-se indignado diante do Tribunal Celeste.
> Promotor: "Desde quando são estes com as frontes marcadas diferentes dos outros?"
> D'us: "Estes são indivíduos integralmente justos, enquanto os outros são perversos."
> Promotor: "Mas, Senhor, eles têm o poder e a possibilidade de protestar e não o fizeram."
> D'us: "Era sabido por Mim que, se tivessem protestado, de nada teria valido."
> Promotor: "Senhor, isto era revelado para Si; acaso era revelado para eles?"
> D'us revogou suas instruções anteriores e os justos foram declarados responsáveis e coniventes por terem deixado de protestar.

A indiferença é a força mais desestruturadora que pode existir numa sociedade. Uma percepção que levou o rabino Prinz, sobrevivente do extermínio nazista, a declarar: "... fanatismo e ódio não são os nossos problemas mais urgentes. O mais urgente de todos, o mais ignominioso, vergonhoso e trágico de todos os problemas é o silêncio."

Perceber isto é fundamental. Conceber um Brasil onde os indivíduos não sejam apáticos, mas assumam o envolvimento que a concretização dos seus sonhos exige, é "não fugir à luta". Para essa mobilização, é indispensável compreender do fundo de nossa alma o que o rabino J. Heschel resumiu na frase: "A indiferença ao mal é mais insidiosa que o próprio mal." Releia esta afirmação.

Não podemos fugir nem mesmo diante dos perigos e inconvenientes que são inerentes a posicionar-se e a envolver-se. Não há saída em particular para aqueles que buscam transformações de vida verdadeiras. É necessário, sim, ter coragem, não no sentido "capa-espada" pelo qual somos tão facilmente atraídos, mas na direção apontada por Amelia Earhart: "Coragem é o preço que a vida exige para auferir-nos paz. A alma que não conhece isto também não conhece libertação das pequenas coisas."

Se ainda assim nosso medo se acoberta na percepção que se dissimula tão bem de realidade e que assevera que não conseguiremos mudar o mundo sozinhos, e que as tarefas são demasiadamente grandiosas e complexas, devemos prestar atenção a mais um segredo iniciático: "Não é sua obrigação concluir a tarefa. Mas você também não é livre para desistir dela."

Como é difícil não fugir, seja nas ruas, na vida cotidiana ou no pensamento! Só aquele que consegue se perceber como "filho", como parte, enxerga a "luta". Só quem busca a luz porque conhece a escuridão pode iluminar-se (não fugir). Quando nos damos conta disto, mesmo nas situações mais extremas, quando nos vemos cercados por atitudes e exemplos que não reconhecem as dimensões de "filho" e de "luta", quando há corrupção em todos os níveis e de todos os níveis, há uma postura de "não fuga" a ser assumida:

> Um homem colocou-se na entrada de Sodoma, denunciando a injustiça e a impunidade que reinavam na cidade. Um indivíduo passou por este homem e comentou: "Por anos você tem ficado aí tentando persuadir as pessoas a mudarem de atitude e com nenhuma delas obteve sucesso. Por que você continua?" Este respondeu: "Quando inicialmente vim para cá eu protestava, pois tinha esperança de modificar as pessoas. Agora, continuo a gritar e denunciar, pois, se não o faço, eles é que terão me modificado."

Toda "não fuga" é, em si, ativa, e não há para o ser humano, por definição, nenhuma forma de indiferença que não seja em si uma fuga. A indiferença não é neutra, mas corrompe. Como na história sobre Sodoma, quem busca o autoconhecimento só o encontra e só se encontra quando se remete a si mesmo pela experiência e interação com o outro.

O caminho da cura – neutralizando os cheques que dão câncer

OUTRA FORMA DE NÃO "fugir à luta" é tornarmo-nos agentes de cura. A cura sobre a qual falamos não trata do processo de restabelecimento do equilíbrio físico, mas certamente se inspira em seu princípio orgânico básico – o funcionamento eficiente das partes não é suficiente para o funcionamento eficiente do todo. Na verdade, a cura é um ajuste para o qual a maximização da eficácia de um órgão, peça ou elemento depende do resultado obtido na interação com outros órgãos, peças ou elementos. Portanto, a supereficiência ou ineficiência de uma parte pode significar uma sobrecarga ou deficiência em outra, desequilíbrios de "saúde" que requeiram cura.

A importância do conceito de cura é abrir novos horizontes para a compreensão de muitos processos relativos a questões humanas. Enquanto a saúde centra-se na questão do "todos por um", a cura se especializa na sofisticada arte do "um por todos". Curar significa *ajustar* de maneira que o *um* sirva ao *todo*, logo é tornar claro ao *um* que seu interesse maior é o *todo*.

A saúde moral de um indivíduo, por sua vez, se encontra no ajuste o mais equilibrado possível entre as três dimensões da responsabilidade humana: o pensamento, a fala e a ação. Estas dimensões desalinham-se e desequilibram-se de tal forma que não dizemos o que pensamos e não fazemos o que dizemos. Isto gera crises morais constantes, cuja única cura está em um ajuste melhor da ação em relação à fala e ao pensamento ou da fala em relação à ação e ao pensamento e assim por diante. É importante perceber que esta não é uma relação hierarquizada, e que bem pode ser o pensamento que, por exemplo, deva melhor adequar-se à ação para extinguir um conflito moral. O *um pelo todo* é a busca que o pensamento, a fala ou a ação empreenderá como processo interno curativo.

Uma cultura, por sua vez, estimula processos de desenvolvimento para o pensamento por meio de sua filosofia e lógica; para a fala, por intermédio da linguagem; para a ação, pelo compromisso social e pela convivência. A tentativa de constantemente alinhar essas dimensões é um processo transformador e possibilita novos níveis de desenvolvimento moral.

O brasileiro, enquanto cidadão, defronta-se com uma crise moral baseada na desarticulação entre seu desejo, seu discurso e seu comportamento. O exemplo maior está simbolizado no fisco. As pessoas que trabalham para a Receita Federal deveriam receber auxílio de insalubridade, pois toda vez que alguém assina um cheque cumprindo com obrigações para com os impostos, a energia descarregada neles é tão negativa que pode causar "câncer" ou doenças afins em quem lida diariamente com os mesmos. Esta atitude do cidadão em relação ao fisco, com certeza, não está em harmonia com quem deseja (ou diz sonhar com) uma sociedade melhor e mais justa. Talvez este seja um lugar-comum, mas, para haver cura moral, devemos ou neutralizar a negatividade destes cheques para o fisco, fazendo deles objeto de satisfação, ou não o fazer, assumindo desta forma que queremos uma sociedade imediatista e individualista. Qualquer racionalização ou fala diante destas duas possibilidades de ação evidenciará harmonia interna *(quero uma sociedade mais justa* ou *não quero uma sociedade mais justa*) ou mais desequilíbrio, quando pensamento, fala e ação se contradizem ainda mais profundamente.

As desculpas de roubo, desvio ou má administração para justificar nossa ação diante do fisco aprofundam a crise, pois são totalmente inconsistentes. São problemas da área política, em que também se insere uma questão de saúde: em quem votamos e de que maneira escolhemos nossa administração. Tais alegações representam uma fuga da luta.

A grande esperança brasileira é que o desequilíbrio entre intenção, discurso e comportamento nos chame à luta por uma cura na qual a noção de pertinência e de bem comum seja a orquestradora destas três dimensões. Nosso esforço é pela cura e também pela definição de qual saúde específica almejamos. A luta pela sobrevivência de cada um de nós brasileiros tornou-se similar à história que Rabi Hanoch contava:

> Um certo homem muito tolo sofria de um problema grave. Todos os dias, ao se levantar de manhã, tinha tamanha dificuldade em encontrar suas roupas, que à noite muitas vezes hesitava em ir dormir, com temor da angústia diante do que teria de enfrentar ao despertar. Uma noite, porém, resolveu proceder de maneira diferente. Pegou uma caneta e um papel e, ao despir-se para dormir, registrou o local exato onde tinha colocado cada uma das peças de sua vestimenta. Na manhã seguinte, muito contente consigo mesmo, o tal homem pegou o papel onde tinha feito as anotações e as leu: "Chapéu" – lá estava pendurado, colocou-o na cabeça. "Calça" – lá estava ela dobrada, vestiu-a. Desta maneira prosseguiu, até que estivesse totalmente vestido. "Ótimo", pensou consigo o homem consternado, "porém, onde mesmo estou eu? Onde raios estou eu?" Ele procurou, procurou, mas era uma busca inútil; não pôde encontrar-se.

Nestes moldes nos comportamos todos nós, especialmente na forma de lidar com nossa cidadania. Na procura de sentido, buscamos valores e realizações que acreditamos fundamentais e que aparentemente nos levarão a estancar a fonte de nossas angústias. Tratamos de localizar estes valores e realizações e nos esforçamos muito para termos acesso a eles. Este, entretanto, é o caminho da perplexidade, o caminho de não sabermos onde nós mesmos nos encontramos. Para não nos vermos nesta situação, faz-se necessário descobrir, em meio aos acessórios da existência, nosso próprio *eu*. Só é possível realizar isto para além do ego, na busca do nosso eu mais profundo, que está em relação com o mundo à nossa volta.

A possibilidade de pagar o fisco com satisfação só se faz real quando quem assina o cheque é este *eu* mais profundo. Quem foge à luta por alcançar este ideal poderá um dia descobrir que, mesmo possuindo muitos chapéus, sapatos e calças, terá dificuldade em encontrar a si mesmo.

Pequeno manual sobre como "Um filho não foge à luta" no século XXI

VAMOS TENTAR ELABORAR um pequeno manual de procedimentos para aquele que deseja tornar-se um "filho que não foge à luta", valendo-nos, para isto, da melhor tecnologia disponível. Para tal, vamos nos guiar pela sugestão do rabino R. Shapiro que usa como referência de "herói" o rabino "X" da cidade de Kotzk (século XIX). Este propunha em linhas gerais o seguinte:

> Alguém que deseja ser um Rebe (um filho que não foge à luta) deverá *ascender estonteantemente às alturas* (1) e *descer vertiginosamente às profundezas* (2), de maneira a buscar a verdade. Deve constantemente *arrombar portas* (3), mesmo que *seu coração se parta* (4) e *seu corpo se desintegre* (5). Os *céus e a terra podem desfazer-se* (6), mas não deve abrir mão ou desistir. Afinal, se uma pessoa não está preparada para *romper sua cabeça* (7), como poderá este ensinar (8)?

Analisemos, portanto, estes itens destacados:

1) *Ascender estonteantemente* às *alturas* – Devemos buscar experimentar estados superiores de consciência que nos despertem para uma maior integração entre homem, mulher, natureza e D'us. Para isto, devemos ampliar a percepção da rea-

lidade a nossa volta, investindo tanto no crescimento espiritual como nas tecnologias transpessoais ao nosso alcance.

2) *Descer vertiginosamente às profundezas* – Devemos nos defrontar com os medos e as sombras que perturbam nossos sonhos, buscando aconselhamento psicológico e autoconhecimento.

3) *Arrombar portas* – Devemos ultrapassar as barreiras que nos impedem de encontrar o Outro nos outros. Devemos estender os limites de "nossa casa" de forma a respeitar e a amar a casa de nosso vizinho como fazemos com a nossa. Colocar em dia nossa humanidade diz respeito a arrombar portas.

4) *Partir o coração* – Devemos extrair de nossas almas a empatia necessária para enxergar o mundo pelos olhos dos outros. Partimos, assim, nosso coração para aceitar rever nossos julgamentos e entender posições que antes nos eram inconcebíveis e inaceitáveis.

5) *Desintegrar nossos corpos* – Devemos desmascarar nosso ego e nos perceber encapsulados numa realidade física que compreende muito pouco da totalidade de nossa experiência. Devemos abandonar as visões maniqueístas e os dualismos que nos colocam como adversários e não como parceiros. Devemos optar por uma "integração superior de tudo que é vivo".

6) *Desfazerem-se céus e terra* – Temos de aceitar todas as nossas certezas e convicções como "opiniões" ou "visões de mundo". Devemos deixar nossas certezas derreterem-se diante da Verdade, estar preparados para rever tudo. Devemos ir além

das teologias e filosofias. Não podemos nos permitir cair nas armadilhas do "certo e errado". Há uma liberdade maior que nos pede reverência apenas à Verdade – e não menos que a Verdade –, como esta se nos apresenta.

7) *Romper cabeças* – Devemos abandonar as teorias e os "ismos". Precisamos aprender a distinguir expressões divinas das que representam ídolos. Quando nos mascaramos de pensamentos e imagens montados para sustentar nosso modo de vida, devemos romper a cabeça para desintoxicá-la. Só assim podemos nos defrontar com quem realmente somos.

8) *Ensinar aos outros* – Só assim podemos nos tornar modelos de "filhos/as que não fogem à luta", qualquer que seja a dimensão: cívica, civilizatória ou humana.

O cidadão medíocre

Nossas capacitações éticas dependem da proporção ou da ênfase que damos a duas dimensões específicas de nossa vida: a liberdade e a necessidade. Por liberdade, consideraremos todas as possíveis experiências nas quais eventos, cursos de ação, atitudes, decisões ou acomodações são percebidos como optativos. Por necessidade, entenderemos as possíveis experiências nas quais eventos, cursos de ação, atitudes ou decisões são vistos como determinados por forças exteriores a nós, que não podemos alterar.

Poderíamos dizer que passamos todo e qualquer momento de nossa vida consciente tentando rotular experiências como pertencentes à dimensão da liberdade ou da necessidade. As liberdades se constituem em motivações fundamentais de vida, que fazem com que sejamos únicos e com que nosso futuro seja ímpar. Sem liberdade não haveria vida, pois a realidade se tornaria "demasiadamente inanimada" para sustentá-la. Ao mesmo tempo, sem necessidades não teríamos qualquer parâmetro, e a realidade seria insuportavelmente fluida para conter a vida.

O psicanalista Allen Wheelis* elabora sobre as fronteiras entre liberdade e necessidade. Diz ele:

---
* *How People Change*, Comentary, maio de 1969.

Nas coisas pequenas, sempre desejamos ter liberdade. De que cor pintar a casa? Que carro comprar? Assistir a um filme de Bergman ou ao concerto de Ozawa? Seria muito oneroso reprimir nossas possibilidades nestes casos. Em questões mais profundas, no entanto, buscamos um pouco mais de chão. Poderíamos escolher viver ou morrer, mas preferimos não escolher e fazemos tudo para acreditar que devemos viver. Uma pessoa gentil não pondera sobre a possibilidade de tornar-se um sádico, nem um homem honesto considera a opção de tornar-se um assaltante; preferimos aceitar estes assuntos como já resolvidos, afastados da dimensão da escolha e, portanto, também da dimensão da liberdade. No espaço entre estas questões menores e maiores é que se encontram as decisões intermediárias, onde alguns encontram liberdade e outros deparam-se com constrição e necessidade.

São estas *questões intermediárias* que representam o universo de livre-arbítrio de que dispomos. Devemos estar muito atentos para preservá-lo e para não o tornarmos presa fácil de necessidades que nós mesmos arbitramos. Wheelis dá o exemplo de uma mulher massacrada pelo tédio, que diz: "Adoraria conseguir um trabalho, mas não posso sair de casa por causa das crianças." Com este "não posso", ela alega uma necessidade: ficar em casa ou sair de casa não é uma opção, e a decisão é imposta contra sua vontade. Na verdade, porém, ela designa as necessidades de seus filhos como sendo sua necessidade. Podemos compreender isto, até mesmo simpatizar com esta mulher; ao mesmo tempo, devemos reconhecer também que nada externo exige dela esta postura. Com certeza, a necessidade de seus filhos não elimina sua possibilidade de escolha. Afinal, outras mães no mesmo prédio se arranjaram com babás ou creches e trabalharam fora. Wheelis denomina então dois tipos de necessidade: as subjetivas ou arbitrárias e as objetivas ou mandatórias. As mandatórias são aquelas que escapam de nosso controle e poder e realmente se impõem a partir do mundo exterior. As subjetivas são derivadas de forças que existem dentro da própria personalidade de cada um.

Compreender esta distinção é fundamental para podermos avaliar inúmeras situações da vida de um cidadão. Isto porque questões éticas tendem a localizar-se entre estas questões intermediárias. Quando, por exemplo, somos envolvidos em esquemas de trabalho em que a preservação de nossa integridade moral confronta interesses daqueles a quem somos subalternos, não é raro surpreendermo-nos fazendo necessidades subjetivas passarem por objetivas. Desta forma é que pensamos e nos convencemos: "O que poderia ter eu feito? E eu acaso tinha escolha?" A verdade é que sim, tínhamos escolha, apesar de querermos reduzir a situação a imposições externas.

Como indivíduos, abrimos mão de uma liberdade que é objetiva e adentramos e optamos pela fuga de responsabilidade. Ao exagerarmos a complexidade dos problemas e também as nossas limitações em resolvê-los ou de transformar-nos, revelamos interesses dissimulados e arbitrariedades. Mas em momento algum isso representa uma incapacidade de opção. Representa sim uma constrição e o abrir mão de espaço da liberdade. Desta forma, o cenário de nossa vida encurta e nos tornamos mais passivos, assumindo gradativamente a postura de espectadores de uma vida que é nossa, mas que não vivemos.

A ideologia que nos libera de responsabilidades como cidadãos ao pregar intimidação diante do somatório de forças circundantes nos torna medíocres. Desmascaramos a hipocrisia que tenta classificar estas forças como incontestáveis quando descobrimos que "não são um atributo do mundo que nos cerca, que não representam a maneira com que as coisas são externamente, mas sim um mandato de dentro de nós que, estranhamente, excluímos de nosso 'Eu'".

O cidadão medíocre não é solidário porque qualquer chamado a prestar serviço ao bem comum, ou ao outro, esbarra nas "impossibilidades" inerentes à falta de liberdade. O cidadão medíocre não é aquele que "faz que não vê", ele é pior. Quem se exime pela covardia é muito menos nocivo à sociedade do que aquele que esposa teorias que contagiam e imobilizam toda uma coletividade. O cidadão medíocre vê e faz um comentário pouco patriótico e pouco humanitário: é assim que é... é assim que as coisas são.

O cidadão medíocre é a "quinta coluna" de qualquer sociedade. Sua única perspectiva é a de criar no mundo social a mesma realidade que criou para sua alma – destituída de liberdade. Vive, portanto, acuado diante dos guardiões das portas, quando estes estão lá, tão somente, para guardar-lhes os próprios tesouros.

Coletivo não são todos

Apesar da explosão de interesse pelo indivíduo ocorrida durante este século, quando a psicanálise levou ao pódio-divã nossa individualidade, nada há de mais moderno do que o coletivo. Isto que vulgarmente é chamado de "nova era" nada mais é do que uma nova "nova era". Toda vez que a humanidade entra em contato com padrões coletivos de sua evolução surgem percepções de novas "novas eras" e de que o mundo (como o concebemos) irá acabar. Tal fato diz respeito, acima de tudo, a uma percepção de que existe, por assim dizer, uma consciência coletiva.

As forças coletivas nos influenciam constantemente, estejamos conscientes delas ou não. Não há como e nem por que fugir delas – que, constituídas por nós, contribuem para a melhoria na qualidade de vida e no alargamento de possibilidades. Trilhamos, portanto, uma caminhada individual que não é dissociada do grupo a que pertencemos, seja ele definido por parâmetros de tempo (contemporâneos) ou de espaço (conterrâneos).

De alguma forma, viajamos todos num curso que para alguns é representado pela história e para outros pela consciência, pela revelação ou pela evolução. Seja como for, é importante computarmos estas tendências de nossa espécie como sendo um apontamento interno para que trilhemos um determinado caminho.

O escritor Brugh Joy* descreve com clareza esta "entidade" coletiva que tem uma personalidade própria da qual somos parte e pela qual somos influenciados.

> ... Percebi que o campo de força coletivo de qualquer grupo – seja família, comitê, vilarejo, cidade, país, denominação religiosa ou política – pode estar em desequilíbrio ou "enfermo" em qualquer uma ou mesmo em todas as formas em que o campo individual possa estar fora de harmonia – física, sexual, mental, emocional, psíquica, social, ambiental ou espiritualmente. Podem existir indivíduos perfeitamente normais no vórtice coletivo, mas genericamente o padrão grupal pode estar doente. Só porque alguns podem reivindicar equilíbrio individual, isto não quer dizer que o coletivo do qual são parte esteja sadio. Nós, enquanto coletivo, geramos este poderoso campo ou entidade, e apenas quando um grupo suficientemente grande dentro deste coletivo se re-harmoniza ou se ressintoniza com forças equilibradas e sadias é que pode a energia coletiva mais ampla ser alterada, balanceada e integrada no nível coletivo. Portanto, podemos compreender a importância potencial que têm "afinações" coletivas que ocorrem periodicamente no desdobramento da própria experiência coletiva.

A ideia de que a transformação coletiva só é possível na medida em que haja uma "massa crítica" suficiente para alterar padrões coletivos parece óbvia, mas, se analisada com cuidado, pode levar-nos a duas importantes compreensões.

A primeira delas revela que *o coletivo* não representa *todos*. A transformação coletiva (e, portanto, a possibilidade de se recobrar a saúde coletiva) pode ocorrer independentemente

---

* *Avalanche*, Times Books, 1992.

da existência de indivíduos que ainda atuem de acordo com antigos padrões. Uma sociedade ou coletividade pode ser promovida moral e eticamente, por exemplo, a despeito de abranger indivíduos que praticam atitudes de nível inferior ao alcançado pelo campo coletivo. O que há de importante nesta compreensão é a pouca relevância destes "criminosos" (todo aquele cujo campo de forças individual destoe do campo de forças coletivo) para uma coletividade. A própria saúde do campo coletivo diz respeito à compreensão de que os "criminosos" não deveriam ser objeto de perseguição ou ameaça. Mesmo porque devemos entender por "criminosos" aqueles que podem apontar o caminho a novos equilíbrios que não estejam prontos a serem acolhidos e assimilados pelo coletivo. Estes indivíduos precoces devem continuar honrando seus discernimentos, esforçando-se para que possam, em algum momento, ser compreendidos e incorporados ao campo coletivo. Quando, ao contrário, estes indivíduos tentam impor seu campo individual ao coletivo, são tratados da mesma forma que aqueles que normalmente denominamos criminosos (sem aspas) e que buscam reverter o coletivo a seu desequilíbrio anterior ao último equilíbrio.

Honrar a consciência desses campos de força coletivos traduz-se na capacidade de não nos preocuparmos com os "desvios" ou "desviantes". É não estarmos tão centrados na punição dos "infratores" ou preocupados com ela, como veremos adiante. Batalhas contra a "impunidade" muitas vezes descambam para campos de força coletivos que estabelecem equilíbrios que se arvoram absolutos e julgam-se eternos. O fascismo, a intolerância e o fanatismo são produtos de campos de força coletivos que não entendem que *o coletivo não representa todos* e que este fato não deve ser uma preocupação do coletivo.

A segunda compreensão que derivamos dos campos de força coletivos diz respeito a seu movimento no sentido do equilíbrio e não puramente do avanço e progresso. O desenvolvimento de um país é realizado pendularmente, de equilíbrio a equilíbrio. Esta é a razão pela qual certas vanguardas impostas não promovem saúde coletiva e, mesmo representando o futuro (o que está para ser revelado na história), acabam sufocando o presente. As vanguardas sadias são aquelas que impulsionam os campos de força coletivos rumo a sucessivos momentos de equilíbrio, desequilíbrio e reequilíbrio. Não são, portanto, as que queimam etapas, tentando projetar um equilíbrio em outro sem passar por um desequilíbrio, ou um desequilíbrio em outro sem passar por equilíbrio.

Isto tudo nos dá um certo alento e descanso, pois... o bem não tem que triunfar.

O bem não tem de triunfar

Ao esboçarmos uma reflexão sobre *o coletivo não querer dizer todos,* estamos abrindo espaço para a compreensão de que os conceitos de próprio ou impróprio a um grupo só podem ser determinados por este próprio grupo. Logo, nenhum Messias pode ser um único indivíduo. Pode, sim, ser o líder de um grupo que, em meio à humanidade, representa uma "massa crítica" capaz de impor as mudanças necessárias para o estabelecimento desta era especial. Poderíamos supor que ele ou ela represente "a gota d'água" necessária para reverter a balança. Seria, por assim dizer, o primeiro indivíduo a juntar-se a um x número de indivíduos que representavam a "massa crítica menos um" capaz de efetuar tais mudanças. Na verdade, a era messiânica, a ser instaurada por este "mais um" indivíduo, será constituída de tantos messias quanto o número necessário para esta "massa crítica". O coletivo será composto de uma população de messias.

A verdade não tem todo este poder que nós imaginamos, ou seja, de ser trazida por alguém e incutida em nossas cabeças. Se não estivermos prontos para certas colocações, a verdade não será assimilada, mesmo que ela seja a própria chave dos mistérios do universo. Um relato do Talmude talvez possa aclarar esta noção:

O CRIME DESCOMPENSA

Rabi Eliezer usou de todos os possíveis argumentos para sustentar o seu ponto de vista numa discussão; não obstante, sua opinião foi rejeitada pela maioria. Ele então disse: "Possa esta árvore provar que a lei está de acordo com minha opinião!" Imediatamente, a árvore deslocou-se por mais de cinquenta metros. Os demais apenas disseram: "Esta árvore não prova nada..." Eliezer então disparou: "Possa este veio d'água provar que a lei é como digo!" O veio d'água instantaneamente mudou seu curso e passou a correr na direção contrária. Os demais novamente não se mostraram impressionados.

Rabi Eliezer prontamente respondeu: "Possam as paredes desta casa provar minha opinião!" Neste instante, as paredes da casa começaram a mover-se e pareceram estar a ponto de desabar. Os demais não se abalaram.

Rabi Eliezer prosseguiu: "Pois que seja anunciado do próprio céu que a lei está comigo e que minha opinião é a correta!" De pronto, uma voz celeste anunciou: "Por que vocês discutem com Rabi Eliezer, que tem de seu lado um ponto de vista que deve prevalecer?" Os sábios contestaram, valendo-se de um versículo bíblico que diz: "A lei não está mais nos céus." E os céus cessaram seus milagres.

Esta história nos ajuda a compreender que, por mais verdadeira ou "absoluta" que seja uma verdade, ela só o é efetivamente se puder ser assim compreendida pelos seres humanos. Enquanto as forças coletivas não fizerem por onde permitir a compreensão de certas colocações, por mais verdadeiras que sejam, estas não serão funcionais e nada acrescentarão. Os céus reconhecem nesta história que o jogo da descoberta é como o desmembramento em espectro daquilo que em estado original é só luz. O branco que contém todas as cores nega aos olhos a compreensão do vermelho, do azul... No dia em que, ao fixar os olhos no branco, sejamos capazes de perceber todas as cores, o branco continuará branco, mas a natureza de nossos olhos terá, com certeza, mudado.

Por isto, tantas vezes nos é difícil aceitar que outras culturas desenvolvam práticas que nos parecem primitivas. Se estas culturas não estabelecerem campos de força coletivos que favoreçam a compreensão de nosso ponto de vista (de que algo desta cultura é arcaico ou ultrapassado), não poderemos jamais prová-lo. Isto porque estaríamos numa posição como a do Rabi Eliezer, que viveu uma das mais terríveis frustrações – conhecer uma verdade que não podia fazer-se verdadeira. Suportar esta frustração é uma das mais difíceis experiências humanas, e só é possível quando reconhecemos com fé e total confiança que existe um direcionamento, um encaminhamento coletivo. É importante compreender que Rabi Eliezer não deveria abandonar suas convicções, mas antes deixar de lado suas práticas externas que visassem a convencer seus interlocutores. Alguém como Rabi Eliezer deve encarnar-se em professor, ou seja, deve aprender enquanto ensina, e ter certeza de que os que aprendem ensinam enquanto aprendem.

O "bem" não é absoluto, e nossa obrigação não é com o seu triunfo. Nossa obrigação é com o triunfo do que tiver de ser. Poder honrar nossa compreensão de mundo e expor-nos no sentido de ver esta compreensão checada pelos outros é nossa obrigação, da mesma maneira que é nossa obrigação conter nossos impulsos "justiceiros", à maneira do Rabi Eliezer.

A verdade do Rabi Eliezer se colocava em oposição à própria possibilidade de um dia seus companheiros poderem compreendê-la. Sua imposição por "vias celestes" passava ao largo da oportunidade de crescimento dos que estavam a sua volta.

Tornava-se, portanto, empecilho ao próprio jogo da aprendizagem e descoberta.

Na década de 1970, numa de suas visitas ao Oriente Médio, o então presidente americano Jimmy Carter foi levado a conhecer o Muro das Lamentações pela então primeira-ministra Golda Meir. Lá chegando, foi informado de que as pessoas se aproximavam do muro e faziam pedidos, e que alguns até depositavam pequenos bilhetes nas suas ranhuras e reentrâncias. O presidente americano pôs-se a escrever num pedaço de papel seus pedidos... "Paz para o mundo... Compreensão entre todos os seres humanos..." Conta-se que, neste instante, a primeira-ministra sussurrou a um de seus assessores próximos, em iídiche: "Está falando com as paredes!"

Muitas vezes, este "bem" genérico, este discurso, impede a percepção dos indivíduos de que eles mesmos não apoiam campos de forças coletivos neste sentido. E não o fazem por questões que não são necessariamente "maldosas". B. Joy sintetiza este fato de maneira brilhante:

> ... é absurdo e infantil concebermos apenas em termos de paz e harmonia nossas expectativas para o coletivo, quando forças muito maiores e importantes podem estar mobilizando-o (e, portanto, também os indivíduos nele contidos) a um novo potencial. Por esta razão, abro mão de envolver-me com orações ou marchas pela paz mundial. Eu percebo, e muito bem, que este tipo de ação, quando divorciada de sua contrapartida – o caos –, esteriliza e fossiliza, e, no final, acaba por reforçar as mesmas atitudes que as marchas e as orações buscavam abolir.

A vida humana e suas interações se baseiam em padrões inconscientes que se fundamentam nas leis do ritmo, transformação e criatividade... e as guerras irrompem exatamente quando há fixação e estancamento da evolução criativa. O motivo inconsciente para se desejar uma paz permanente tem a ver com a necessidade de controle, mas a vida, nos seus mais profundos significados, não é controlável. Isto não deve ser compreendido como uma declaração de que sou a favor da guerra ou do eterno caos. Eu não sou! Sou pelo desdobramento natural da Vida e aceito seus ciclos. Há um tempo para todas as coisas... e há um lugar para a paz... mas não para a paz eterna.

A psique humana, durante este século, está passando por um período de grande transformação. As forças caóticas ainda não completaram seu serviço em prol do futuro da humanidade. Portanto, em relação ao equilíbrio do campo coletivo, devemos ser profundamente circunspectos para não permitir que o sistema de valores externos a nossa mente dite de que maneira deva ser nosso estado coletivo. Confio neste Inconsciente de tal forma que estou pronto a abrir mão de meu desejo pessoal, para que as grandes forças do Inconsciente possam dançar, renovar, curar, romper e reformar o coletivo em seu tempo – o que pode levar séculos – e que certamente está além do meu tempo de vida pessoal.

Quão intensa e profunda é a impaciência de um ser quando confrontado por ritmos e ciclos muito mais vastos que sua longevidade...

Não há nada mais violento e obsceno do que promover nossa compreensão momentânea à categoria do absoluto. Nada da experiência humana é estático, e, portanto, reivindicar o último e o pleno é a mais preocupante forma de insensibilidade à vida.

O "bem" não é um objetivo, é um processo. Podemos nos sintonizar com o que de mais sofisticado existe em nós em termos de sapiência e honrar esta sapiência. Podemos celebrar constantemente nossa condição de "ser" e não traí-la. Levantar bandeiras, no entanto, em nome de "bens" eternos e imutáveis é negar a efemeridade da forma ou do arbítrio. Devemos, sim, como Brugh Joy mesmo conclui: "começar a viver o Mistério, em vez de apenas viver para controlar o Mistério." Devemos começar, finalmente, a encarnar integralmente a própria Vida.

Não se deixe levar pelos "mocinhos"; fique de olho naquele coadjuvante que, meio despercebido, se opõe ao vilão, mas que não nos impõe a terrível tirania do *the end* e do "viveram felizes para sempre". Este é o verdadeiro herói – não evolui em direção a ser "bom" (parâmetros externos), mas a ser maduro (parâmetros internos).

Suportando a impunidade – em busca do que deve ser

Quando apontamos o herói como sendo o ser humano maduro, e não o "bom", estamos rejeitando o constante equívoco de tomar-nos por nossa consciência. Na verdade, nossa consciência é como uma fronteira com o mundo externo, um fórum de contato entre o nosso discernimento e o do mundo que nos cerca. Sua produção isolada não nos representa, da mesma maneira que seria inconcebível imaginar um país apenas com poderes legislativos que dispensassem os executivos e os judiciários. Estes dois últimos integram o discernimento à vida, como parte desta, e não o contrário – a vida ao discernimento. Nós não podemos nos definir na forma inversa porque estaríamos nos iludindo de que temos poderes que não possuímos. Para tal, teríamos de revisar nossos mitos e declarar-nos como tendo também nos servido da árvore da vida, e não apenas da árvore da sabedoria.

Tal coisa, no entanto, não aconteceu. Não conheço espécie que mude a cada discernimento realizado, apesar de este ser o nosso maior sonho e fantasia. É claro também que somos seres mutantes e em evolução e que o discernimento, sim, participa destes processos. Entretanto, não somos deuses e necessitamos desta segunda coordenada da vida, que não está sob nosso total controle, para exercermos integralmente o ato de ser.

Por esta razão, o ser humano maduro melhor nos representa, e abordamos isto de alguma forma em nossa busca do *gente*. Afinal, a imagem do amadurecimento salvaguarda a legitimidade da forma que algo irá tomar por sua própria natureza. E nesta natureza humana há um lugar próprio ao discernimento. Dizemos isto para poder melhor compreender o estágio de fé (e também ético) mais desenvolvido que um ser humano pode almejar. Tal estágio diz respeito ao indivíduo capaz de não ansiar por que as situações e eventos se desenrolem da maneira que *desejaria*, e sim da maneira que *deveriam*. Poder aceitar que o bom não tem a ver com algo realizar-se da maneira que esperamos, ou julgamos, mas algo acontecer da forma que deve ser, é a mais espetacular forma de integração do discernimento à vida. De Jó a Jonas é o que tentam explicar as Escrituras.

Jó era um indivíduo que acreditava que, por seu discernimento, seria capaz de identificar o "bom" e o "correto" e que, aliando-se a estas forças (sendo bom e correto), tudo se desenrolaria da maneira que esperaria e gostaria. Quando sua vida pessoal se torna um desastre, Jó inicia uma revisão de sua compreensão do mundo. Teria ele capacidade de discernir entre o que era "certo" e "errado"? Talvez estivesse fazendo o que achava correto, mas que em realidade não era. Ou estaria ele fazendo o "correto", mas teria o "correto" forças e poderes suficientes para garantir-lhe a retribuição que esperava?

Jó trabalhou apenas com estas duas hipóteses e somente no final do livro é revelada pela própria Divindade uma terceira e definitiva possibilidade. Sua expectativa de "bem" era tendenciosa: estava pronto para accitá-lo, se fosse como *gostaria* que fosse, mas não estava pronto para aceitá-lo, se fosse como *deveria* ser.

Não há dúvidas de que, para um ser humano, perceber isto em relação a sua própria vida é uma exigência-limite. Para que um dia, talvez, venhamos a compreender isto, é imprescindível exercitarmos este conceito em relação aos outros. Esta é a história de Jonas.

Jonas é um profeta que não deseja exercer suas funções porque, como o livro revela no final, discordava dos critérios divinos. Jonas havia sido incumbido de ir à cidade de Nínive exortar seus habitantes a mudarem de comportamento, pois de outro modo o Eterno iria fazer chegar a eles Sua ira. Jonas se recusa a assumir tal tarefa, por motivos que são inicialmente desconhecidos. Quando, após algumas peripécias (pelas quais o personagem é inclusive mais conhecido) na tentativa de liberar-se de sua missão, Jonas finalmente a conclui, ele é invadido por uma terrível depressão. *"Melhor seria para mim morrer do que viver..."*, confessa ele nesta expressão tão humana de decepção com o Sistema. Isto porque o povo de Nínive ouviu suas palavras, regenerou-se e foi perdoado por D'us.

Na sequência do relato, D'us se dedica a um de seus *hobbies* preferidos: a didática. Faz crescer próximo à tenda de Jonas uma palmeira que lhe dá sombra e à qual ele logo se afeiçoa. Depois prepara um "bicho" que fere a palmeira de maneira que esta seque. Ao raiar do sol, que lhe bate à cabeça, Jonas percebe o que tinha acontecido e volta a repetir: *"Melhor seria para mim morrer do que viver..."* Aproveitando este "gancho", D'us arremata: *"Tu tiveste compaixão da palmeira, pela qual não trabalhaste e a qual não fizeste crescer, que nasceu em uma noite, e em uma noite pereceu. Não hei de Eu ter compaixão da grande cidade de Nínive, em que há mais de 120 mil pessoas que não sabem discernir entre a sua mão direita e a sua esquerda?"*

Muitas vezes esta história é vista sob o ponto de vista da tolerância e do amor do Criador em relação a suas criaturas. No entanto, o título do livro não é "Nínive", mas "Jonas". Jonas não conseguia aceitar que as pessoas em Nínive fossem perdoadas. Isto ia de encontro à sua concepção de justiça. Jonas fica "doente", como todos nós ficamos ao vermos o desenrolar de uma situação da maneira que não *gostaríamos*. Somos sedentos – sanguinária, predatória e animalmente sedentos – pela nossa justiça. Esta é a ideologia ou cosmologia do linchamento, do "mocinho" ou da incapacidade de suportar a "impunidade" segundo nossa concepção.

Torcer para que as coisas se desenvolvam de maneira que honrem o que deve ser, muito mais do que da maneira que gostaríamos que fossem, é tão fundamental quanto difícil. Ficamos "doentes" com o que vemos neste mundo, mas devemos estar sempre alertas em relação a estes sentimentos, pois o que "vemos" nunca é absoluto. Ficaríamos, sim, "doentes" e expressaríamos de maneira, sim, irreversível a frase de Jonas – *"Melhor é para mim morrer do que viver..."* –, se fosse hoje instaurada uma realidade regida pela nossa vontade individual. Não estamos feitos, não somos terminados, não somos estáticos e, como tal, devemos ser gratos pela justiça ser uma questão que, volta e meia, nos revolta e deprime. Este é o sinal de sua vitalidade, uma constante oportunidade para que ajustemos nossas expectativas de maneira a compreender que nosso maior interesse é que tudo possa ser do jeito que deve ser, e não da maneira como gostaríamos. É essencial compreender que, quando alguém ou algo momentaneamente adversário ou opositor perde, não significa que ganhamos. Ou mesmo que, quando este alguém ou algo ganha, não significa que perdemos. Reconhecer, portanto, que podemos perder mais ganhando ou mesmo ganhar mais perdendo é fé básica para irmos tocando a vida sem sermos tomados pela sensação: *"Melhor é para mim morrer do que viver..."*

Por tudo isto, uma sociedade deve recrudescer seu debate e reflexão em torno da justiça, nunca se fixando no casuísmo da justiça aplicada, consumada em sua plenitude, numa única ocasião. O linchamento é o vírus que estabelece a soberania de quem não é soberano. Senta na cadeira da justiça o "bom" em lugar do maduro. Cria-se, assim, um amplo espaço para que a vida seja constantemente violentada pelo discernimento.

Modificando o passado

Há um conceito fundamental que vamos derivar de uma história do Talmude, no Tratado Berachot. Trata-se de uma história sobre Rabi Hanina, que era um homem conhecido pelo poder de suas orações e pela miséria que o acompanhou a vida toda.

Certa vez, a mulher do Rabi Hanina, tomada pelo desespero, procurou seu marido e disse: "Você é um homem conhecido por ter suas rezas ouvidas nos céus; por que então não faz algo para que possamos sair desta miséria?" "O que você gostaria que eu fizesse", reagiu ele. "Reze", ela disse, com uma exasperação compreensível, "reze por algum dinheiro... quanto tempo podemos continuar vivendo assim?" "Você não percebe...", disse Rabi Hanina. "Se somos pobres aqui, é porque somos muito ricos nos céus!" Ele imaginou que sua explicação era calcada em pura lógica, mas surpreendeu-se também com a lógica da reação de sua esposa: "Então, por que você não pede um adiantamento?"

Rabi Hanina não teve escolha senão começar a rezar, e o desejo de sua esposa foi atendido: a mão veio dos céus trazendo consigo o pé de uma mesa de ouro maciço, que valia uma fortuna.

Nesta mesma noite, porém, Rabi Hanina viu em um sonho o palácio celeste destinado aos Justos de todos os tempos. Reparou que todos eles estavam sentados em torno de mesas de ouro – suas próprias mesas de três pés de ouro. Num canto, viu a si mesmo triste e desconsolado, pois sua mesa tinha apenas dois pés de ouro. Com dois pés, ela não se sustentava.

Ao despertar, relatou o sonho a sua esposa e ambos chegaram a uma única conclusão: o adiantamento celeste tinha de ser devolvido. Rabi Hanina recitou então uma outra oração e mais uma vez a mão desceu dos céus, desta vez recolhendo a perna de mesa de ouro maciço.

Em seus comentários, os sábios salientaram que o segundo milagre foi mais maravilhoso do que o primeiro, "pois é mais fácil mudar o futuro do que mudar o passado".

"É mais fácil mudar o futuro do que o passado." Esta parece uma frase óbvia, quase banal, mas que, se compreendida profundamente, nos faria agir de maneira bastante diferente no presente, além do que nos faria valorizar as oportunidades que surgem de transformarmos o passado. Isto tudo porque pouco compreendemos do fato de que muito do passado ainda está por acontecer e muito do futuro já ocorreu. Este é um segredo que os sábios conhecem. Aquele que não tem condições de modificar seu passado (e, por conseguinte, seu presente) muitas vezes está enclausurado em seu futuro. Em inúmeras situações, quando o futuro nos envia mensagens exigindo que façamos algo para alterá-lo, nos damos conta de que ele já existe.

Mas, em relação ao passado, como é possível modificá-lo? Obviamente não podemos modificá-lo fisicamente, mas podemos fazê-lo psiquicamente. Podemos "passear" por nosso passado e resgatar dele situações vivas, conseguindo, assim, compreender nossas atitudes; podemos também reconhecer opções que no próprio passado não podíamos. Aquele que passeia por seu passado tem a capacidade psíquica de viver uma palavra técnica que é muito pouco compreendida – o arrependimento.

Não são raras as vezes em que as pessoas zombam da palavra "arrependimento", dizendo que só se arrependem daquilo que não fizeram. Com certeza, não percebem que estão, além de parcialmente definindo o conceito de "arrependimento", também reconhecendo seu incrível valor. Diziam os rabinos que existem *"kefitsot ha-derech"*, que todos os caminhos têm saltos. Você pode sair daqui e ir parar lá sem passar por nenhum outro lugar. O arrependimento é um destes misteriosos atalhos que nos levam daqui até um "lá" que juraríamos ser inatingível.

O arrependimento não representa um cultivo masoquista da culpa, mas a capacidade de, com luvas cirúrgicas, alterarmos o passado a partir de nosso presente. É verdade que parte do arrependimento tem a ver com a percepção do que não fizemos, e muitas vezes do que nem sequer sabíamos que era possível. Em outros momentos, o arrependimento tem a ver com situações em que tínhamos ao nosso alcance outras opções de vida, e escolhemos deliberadamente registrar como parte de nossa memória a ausência destas opções.

Quem não puder penetrar no passado com olhos que veem além de um mundo estático e já morto diminui também a cinética de seu futuro. Pois que a matéria-prima de nosso futuro é o passado, e esta é a grande compensação da velhice para os que sabem vivê-la na plenitude – a matéria-prima de seu passado é tanta que seu futuro é um tesouro de possibilidades.

O mesmo podemos dizer em relação a uma comunidade ou a um país. É fundamental que saibamos olhar para o passado e transformá-lo psíquica e politicamente. Podemos assumir o passado, em vez de descartá-lo como material obsoleto, já gasto e que pouco contribui para as urgências do momento. Não discernir isto é um grave erro. O passado é a mais fiel representação de quem somos e a mais confiável fonte. Se o mundo externo não é uma referência segura, por suas inúmeras dissimulações e ilusões, sabemos que viver exclusivamente do mundo interno também não o é. A confluência do mundo externo e interno é o passado. Nele, a realidade é impregnada, embebida da parcialidade de quem fomos. É uma revelação de que não dispomos no presente nem no futuro, pois nestes a realidade se expressa apenas na especulação e na conjectura.

Por que mataríamos milhares de pessoas, por que perderíamos incríveis quantidades de tempo e recursos realizando no presente e no futuro o que podemos reproduzir do passado, sem custo algum à realidade ou à natureza? Percebam que não nos referimos a simulações, mas à possibilidade de mergulhar verdadeiramente num tempo passado, onde podemos resgatar guerras, conflitos, manipulações, explorações, traições, falsidades, hipocrisias e assim por diante. Todos estes elementos foram deixados para trás como granadas não detonadas em um passado individual e coletivo.

Como se na função de rastreadores de minas, voltássemos a estes passados e as detonássemos, limpando, desta maneira, os terrenos do presente e do futuro, que certamente herdariam estes mesmos "artefatos" não detonados. Por que, então, deslocar-nos por entre tão perigosos objetos, sabendo do estrago que podem realizar no presente e no futuro, se nos é possível detoná-los enquanto estão no passado, onde suas explosões, ainda que façam tremer o presente, com certeza não poderão danificá-lo?

Quem pouco limpa estes "territórios" se verá num futuro repleto de detritos dos conflitos passados. Para este indivíduo, cada passo da vida provoca grande temor, pois cada avanço é marcado pela possibilidade de se esbarrar nestes "artefatos", causando grandes explosões. Impactos que não só doem por suas possíveis consequências, mas, acima de tudo, pelo inconformismo de saber que os mesmos poderiam ter sido vividos no passado, quando a dor seria idêntica, mas os estragos seriam de outra dimensão. No passado, os estragos não comprometem mais tempo de nossa limitada duração e evitam o estabelecimento da tirania de um futuro que já se criou e que tudo fará para não abrir mão de realizar-se.

É imprescindível podermos ter acesso ao passado deste país e modificá-lo. É importante revermos nossos heróis e vilões, nossos ídolos e crenças e não deixar o passado como ele é. Rearrumá-lo é encontrar bifurcações e desvios em nossos trilhos para novos possíveis futuros.

Muitas vezes, pensamos ser apenas o presente o momento de criação de novos futuros, mas a verdade é que a grande qualidade do presente é ser um portão de acesso aos "saltos do caminho" que nos levam à reflexão e à transformação tanto do passado como do futuro.

Modificando o futuro – instaurando a ingenuidade maliciosa

Uma das características que fundamentam o conceito de futuro é sua infinita, e não menos que infinita, possibilidade de ser qualquer um. Observamos anteriormente, na questão relativa a intervenções em nosso passado, que o futuro é muito restringido pelo passado. Na verdade, para muitos a amplitude do futuro é de tal maneira reduzida que pode até mesmo ser confundida com um passado. Afinal, o que é o passado, se não a dimensão em que as opções tornaram-se únicas, ou seja, as escolhidas. Basta que realizemos o mesmo com nosso futuro, limitando-o e determinando-o como uma única trajetória, para que se torne um "passado". E tudo o que é vivo é caracterizado por um passado, presente e futuro. O que dispensa uma destas dimensões de tempo, ou ainda não é, ou já não é mais vivo.

Para termos uma ideia de como cerceamos e restringimos nosso futuro, basta repararmos em nossas crenças e certezas. No século XVI, um rabino buscou exemplificar o impossível, ao pedir que seus leitores imaginassem "ferro voando". Para ele, não havia nada mais óbvio como descrição do inviável do que esta imagem que para nós hoje é rotina, ao vermos centenas de toneladas de metal cruzarem os céus constantemente. É o que já apontamos antes: o que pensávamos ser leis da natureza são na verdade hábitos.

É claro que persiste a lei da gravidade pela qual *ferro não voa*, mas, com certeza, o rabino, ao interpretar dados da realidade, reduzia a infinitude de plausibilidades do futuro. Graças aos que ousaram não achar inconcebível colocar ferro nas alturas é que esta possibilidade se concretizou. Portanto, a melhor forma de interferir no futuro a partir do presente não é fazendo incursões divinatórias para então manipulá-lo, mas, ao contrário, ampliar o espectro daquilo que é plausível. Percebam que a única forma de "adivinharmos" o futuro é reduzi-lo de tal forma que se torne passado, para então, sim, poder ser apontado, aprisionado e torturado. Sua forma "selvagem" é a que percebemos na juventude, quando estamos muito menos aprisionados aos passados que não foram modificados, ou sobre os quais não refletimos, e que acabam por avançar por sobre o território de nosso futuro, condicionando-o.

De que maneira podemos, então, aumentar nossas áreas de *plausibilidade*? Uma destas maneiras diz respeito a refazer nosso passado, como já mencionamos. Tal método hoje é bastante difundido, o que se percebe na proliferação das "cartomantes do passado" – os terapeutas e psicanalistas que nos ajudam a fazer previsões de nosso passado. Tão real é esta possibilidade que não é incomum alguém em terapia ser tomado por incredulidade ao ver-se conduzido a resgatar algo de seu passado com o "sabor" de algo do futuro. "Como se pode saber? Como se pode adivinhar?" – são expressões cunhadas não em relação ao futuro, mas ao passado, próprias daquele que conhece a fluidez dos tempos. Não há como ampliar as áreas de plausibilidade do passado, pois ele já é, mas há como resgatar as áreas de plausibilidade que existiam no passado e que foram absorvidas como determinismo e fatalismo. Ao perceber que o destino é uma infinitude que já foi "gasta" e "usada", temos condição de resgatar a verdadeira dimensão de nosso futuro.

Há, no entanto, uma outra forma. Na verdade, o grande aparador e ceifador de plausibilidades do futuro é a consciência. Quando o rabino dizia que "ferro não voa", estava fazendo uso da consciência de suas experiências e percepções. É, portanto, a partir desta que devemos trabalhar.

Nosso esforço traduz-se na tentativa de tornar nossa consciência um pouco mais ingênua – menos controladora e autoritária. Tal como no caso de uma pessoa controladora e autoritária, devemos utilizar os equívocos da consciência com o objetivo de torná-la um pouco mais humilde: "Viu... ferro voa, sim! Você estava errada!" – é uma forma de tripudiarmos a consciência que não deve ser desperdiçada. Toda e qualquer oportunidade de mostrarmos a nós mesmos que o óbvio não é óbvio é em si um exercício de ampliação das áreas de plausibilidade e de resgate de nossos futuros. Esta é uma das tarefas de nosso coração.

Pois é exatamente na obra do filósofo Bahya Ibn Paquda, século XI, sob o título "As obrigações do coração" (uma espécie de *job description* para o coração), que encontramos sugestões de exercícios para que o coração cumpra com sua função de "despoluir" o futuro. Na verdade, o futuro está cheio de "sondas" e outros detritos de investigação que a ele lançamos por meio de nossas "preocupações, preconceitos, predeterminações, predisposições, predições e premeditações". Todos estes *pré* devem ser anulados para se sanear o futuro, fazendo-se com que este possa vir a recarregar-se de toda a potencialidade infinita. Esta é a função do coração e de sua ingenuidade perante o intelecto.

Em "As obrigações do coração", há a seguinte colocação: "Não é incrível que onde quer que haja uma cidade há sempre água, seja um rio, lago ou poço?" A importância da "consciência" contida nesta afirmação tem a ver com uma forma ingênua de estarmos despertos. Ingênuo não quer dizer *tolo*. É claro que a água estava lá antes das cidades, mas a obrigação do coração é reverter este quadro "tolo" do intelecto, que não consegue revelar, por mais profunda que seja sua prospecção da realidade urbana, a dimensão da gratidão que esta ingenuidade descortina. Esta ingênua colocação do coração resgata uma realidade que não é imediata, imediatista, mas que é fundamental para despoluir o futuro destas certezas que qualquer poeta sabe poderem levar à extinção da espécie humana.

Devemos perceber que a "malícia" desta ingenuidade é subversiva ao desejo de controle de nossa consciência, o qual, por sua vez, é tão nocivo ao conceito de futuro.

Para um país, isto também é válido enquanto princípio.

Rever o futuro preestabelecido para nosso destino coletivo ou liberar-nos do vício de anteciparmos de maneira restrita as possibilidades coletivas são formas eficazes de modificarmos o futuro. Em particular, duas formas de interferência positiva no futuro estão à nossa disposição a todo instante e em todo lugar – o *imaginal* e a linguagem.

O IMAGINAL

Na tradição judaica (e acredito que encontremos posições similares em outras tradições), o *imaginal* é o caminho para outros mundos. Existiriam 32 diferentes portões por onde o *imaginal* pode nos levar a outros mundos e também ao futuro. Na verdade, se pudermos imaginar diferente, será diferente.

Fica a cada dia mais evidente que não podemos nos dedicar a consertar ou a ajustar detalhes de nossa vida; temos de mudar nossa cabeça. O mais eficiente atalho para se chegar a níveis de realização e tranquilidade mais profundos é encontrado ao fazermos uso de nossa mente. Não estamos falando da meditação ou contemplação eremita, mas da capacidade de interagir com o mundo à nossa volta e de dispor de elementos para sintonizar não apenas este mundo em nós, mas, acima de tudo, nós mesmos a este mundo.

Podemos fazer com futuros já determinados, com opções com as quais já nos comprometemos antes mesmo de surgirem diante de nós (emprego, casamento, filhos etc.) o mesmo que nos é possível fazer com o passado. Podemos nos transportar para estas dimensões do futuro por meio *do imaginal* e recriar uma realidade virtual na qual possamos consertar futuros "preenchidos", previamente ocupados por nossos comportamentos *pré*. Estes futuros desativados por padrões de nosso passado podem ser reativados por meio do *imaginal*. Basta, para isso, sabermos recriar com autenticidade as realidades e cenários nele inseridos. Trazemos, assim, ao presente muitas das pragas que infertilizam o futuro. Como na questão do passado, aquilo que trazemos do futuro pode causar-nos dor, mas o estrago e o poder destrutivo destas "pragas" é neutralizado, pois são da dimensão virtual relativas ao presente.

É possível que parte da prática terapêutica do futuro seja feita por meio da utilização de equipamentos geradores de cenários ou realidades virtuais, nas quais o paciente poderá *expor-se* no futuro da mesma forma que se expôs no passado. É fundamental, no entanto, compreender que estas incursões não serão feitas para antecipar o futuro ou para substituí-lo pelo irreal. Serão incursões precisamente calculadas na intenção de salvar, apenas, futuros "desativados".

Por enquanto, devemos contentar-nos com o equipamento *imaginal* de nossas próprias fantasias e imaginário. E podemos inúmeras vezes aplicá-lo a nossa realidade, enquanto cidadãos. Podemos nos colocar no lugar do outro, ou podemos nos colocar em simulações de situações idênticas àquelas que nos perturbam. Podemos, desta maneira, compreender atitudes que nós mesmos tomaríamos e que poderiam estar em contradição com nossas expectativas enquanto cidadãos. Se assim for, de que abriríamos mão, das atitudes ou das expectativas? Percebemos que nossas disputas não são entre algo que queremos e algo que rejeitamos, mas entre duas coisas que queremos. Qual delas queremos mais?

Na ética política, o *imaginal* é um instrumento de grande importância. Isto porque o mundo da política é o mundo da realidade dos interesses. A postura política de um indivíduo é um retrato fiel do que este entende por seus interesses. No entanto, sabemos que muitas vezes estamos despreparados para defender nossos próprios interesses, por limitações de nossa compreensão.

Certa vez, observei uma criança de pouco mais de um ano e meio despertar seu pai diversas vezes por pura manha. Nesta ocasião, seu pai se encontrava exausto e percebi algo que é muito sério: se esta criança estivesse consciente do que fazia, certamente não o faria. Era de seu interesse, e ela haveria de concordar com isso no futuro, muito mais a saúde de seu pai do que aquela momentânea carência. Se alguém viesse a defender os interesses dela, os reais, teria de frustrá-la ao impedir que acordasse o pai. No entanto, nenhum de nós possui tais "advogados", nem sequer pode um indivíduo evocar seu discernimento para defender nossos "reais" interesses.

É importante reconhecermos que detemos muito mais poderes no presente do que podemos supor. Somos soberanos e legítimos na representação de nós mesmos no presente, mas também tomamos decisões que irão afetar diretamente o indivíduo que seremos no futuro e, muitas vezes, não estamos qualificados para representá-lo. É, portanto, uma consciência de nosso tempo reconhecermos nossa responsabilidade para com nossa própria pessoa no futuro. Esta é a mesma questão que se coloca no debate ecológico – ao mesmo tempo que temos consciência de que ninguém, a não ser nós mesmos, pode representar nossos interesses hoje, também reconhecemos que não podemos representar com exatidão os interesses de nós mesmos no futuro.

Poderíamos dizer que somos legalmente os tutores de nós mesmos no futuro. E existem tutores e tutores. Existem os inescrupulosos, que arbitram apenas a seu favor, e existem os que honram sua função, priorizando os interesses maiores daqueles a quem tutelam.

A interferência no futuro que pode resultar positiva é caracterizada pela intervenção apenas nos futuros que já estão comprometidos com o presente e são, portanto, limitados pelo presente. A distinção entre estes comprometimentos e a responsabilidade que temos para conosco no futuro é o cerne da questão. Se não desfazemos estes comprometimentos, destruímos nosso futuro. Se o fazemos de maneira não criteriosa, eliminamos também nossa responsabilidade para com o futuro, e este se desfaz como consequência de não mais se conectar a um processo dinâmico que também o caracteriza – não há futuro sem um passado e um presente.

A complexidade da ética ecológica está exatamente nesta interseção no presente de um bem comum a quem é e a quem *será*. Quem seremos no futuro é hoje um "menor" que ainda não pode tomar decisões.

O *imaginal* pode trazer grandes transformações a esta concepção ética. Diz um cartão do Unicef que circula com um ditado indígena: "Não herdamos este mundo de nossos antepassados, nós o recebemos emprestado de nossos descendentes." Esta é uma estrutura *imaginal* que muito pode interferir no futuro se corretamente assimilada. Esta imagem resgata a propriedade deste bem comum para seus legítimos "donos". Não é para trás que as questões de posse se colocam, mas para a frente. Este é um movimento natural de qualquer espécie no esforço por sua preservação. A responsabilidade com o futuro nos é instintiva e por si só define o conceito de futuro. Vivemos num tempo em que o *imaginal* há de criar uma legislação garantindo os direitos dos cidadãos ainda por vir. "Imaginalmente" chegaremos ao ponto de entender que brasileiros são todos aqueles que dispõem hoje e no futuro de cidadania brasileira.

Não pode haver eleições sem que o futuro vote. Não pode haver congresso em que o futuro não esteja representado. Não pode haver verdadeira democracia sem a participação de todos, inclusive dos oprimidos seres do futuro. O *imaginal* é ferramenta essencial para que se honrem coletivamente nossas responsabilidades com o futuro.

A LINGUAGEM

Outra maneira de liberarmos o futuro de seu claustro no presente refere-se à linguagem que utilizamos. O rabino Zalman Schachter chamou a atenção para o fato de que pouco se tem evoluído na compreensão da tecnologia de utilização da energia solar porque ainda usamos uma linguagem que restringe o futuro. Quando dizemos que o sol se levanta ou se põe, expressamos em linguagem (e *imaginalmente*) que o Sol circunda nosso planeta. A Terra é que está em seu "voltante" e seu "virante" quando experimentamos o surgir e o desaparecer do sol.

Tal comentário parece insignificante, simplesmente porque não consideramos que nossos cientistas todos os dias vão dormir, e seus sonhos são habitados por um sol que circunda este planeta. A energia criativa e perceptiva é anestesiada por seu enclausuramento em uma linguagem que não permite a absorção de conceitos e possibilidades do futuro.

E não há qualquer contradição entre esta compreensão e as obrigações do coração que mencionamos acima. Os poetas podem continuar a ver o Sol mover-se em torno da Terra. É quando não estamos na dimensão da poesia, e confundimos linguagens, que o concreto é tratado de maneira ingênua (no seu sentido de tolo ou inconsequente).

Vemos a linguagem bem empregada como fundamental em todas as áreas do progresso humano. A compreensão da história e da economia foi irreversivelmente projetada ao futuro com a nova linguagem comunista, socialista e capitalista. O mesmo ocorreu com a compreensão do ser humano por meio da linguagem psicanalítica e ocorre na esfera do comportamento ao buscarmos um equilíbrio (se não *neutralidade*), na linguagem do feminino e do masculino. Portanto, seja nos progressos da linguagem cibernética, espacial, da relatividade, seja nos avanços da linguagem da religião politizada ou ecológica, o mundo vem se liberando dos grilhões pesados de um mundo cartesiano, determinista, moralista e sexista.

A linguagem sempre foi instrumento de concepção do futuro, não como apenas um possível futuro, mas quantos pudermos tornar plausíveis. Esta é a grande ética para com o futuro: permitir-lhe a maior gama de possibilidades.

Para um país, a elaboração de uma linguagem própria à sua prática política é essencial no fortalecimento da cidadania. Quando cunhamos termos técnicos (como "fisiologismo", por exemplo) ou quando arejamos nossa linguagem longe do maniqueísmo da demagogia, ampliamos as áreas de plausibilidade da nação. Podemos, assim, intervir no futuro, desfazendo seus compromissos e permitindo-lhe amplidão. Na fé de que, se salvaguardarmos o espectro de infinitas possibilidades do futuro, as novas gerações ou nós mesmos teremos a capacidade de fazer do futuro um presente mais digno, está calcada a ideia de cidadania.

Saiba responder ao herege – conversando com outros mundos

Numa ocasião, tomei um táxi e, a certa altura do percurso, percebi que o valor registrado no taxímetro excedia em muito o que estava acostumado a pagar até o lugar em que nos encontrávamos. Fixei então meus olhos no medidor e pude nitidamente perceber que pulsava irregularmente. Minha indignação, no entanto, foi sufocada por um sentimento de incredulidade. O motorista, ao notar que conferia a frequência de seu taxímetro, passou a buscar, de todas as maneiras, distrair-me. Primeiramente, tentou se colocar no caminho entre minha visão e o taxímetro. Fazia isto com a aparente convicção de que seu medidor retratava uma realidade "cósmica" e, caso pudesse impedir-me de ver sua marcação irregular, esta se tornaria "universalmente" legítima.

Na medida em que espichei o pescoço acompanhando seu movimento de bloqueio, frustrando-lhe a tentativa de cobrir-me a visão, buscou outra estratégia. Apontava para a paisagem, tentava engajar-me em uma conversa e, a cada momento que lhe dispensava atenção, reagia também o taxímetro que estava interligado a um sistema como se fosse de um eletrocardiograma: quanto mais batia meu coração de raiva e indignação, mais rápido girava o medidor. Estava a ponto de tomar providências quando passamos em frente a um templo religioso, e o motorista se persignou, interrompendo nosso jogo de gato e rato.

Fiquei estarrecido com a "contradição" entre o motorista homem de fé que demonstrava total reverência e respeito, e o motorista que não apenas era desonesto, mas que estava pronto a bancar seu delito sem o menor remorso ou vergonha. Os dois atos conscientes pareciam-me de tal forma contraditórios que distraí-me do taxímetro em total assombro. De imediato, lembrei-me de uma pequena história hassídica que contava sobre um rabino que viajava numa diligência por lugares muito ermos e começou a preocupar-se com sua segurança por medo do próprio cocheiro. Ao passarem por uma igreja, no entanto, o cocheiro persignou-se. A partir deste momento, o rabino sossegou, seguro de que alguém que zelava com tanto apreço por sua tradição não poderia ser má pessoa. Isto, no entanto, não era o que experimentava com o motorista do táxi. De que maneira compreendê-lo?

Certa vez, ouvi um ecologista contar sobre um engenheiro de uma usina atômica que declarava: "Faço isto por meu netinho..." Perplexo, ao tentar harmonizar a realidade "bem-intencionada" deste engenheiro com a sua – que se opunha às usinas nucleares também "em nome de seu netinho" – percebeu que era habitante de um mundo distinto, que não se comunicava com aquele habitado pelo engenheiro. Sua questão fundamental era descobrir se havia alguma forma de comunicação entre estes mundos ou se estavam irremediavelmente separados por um profundo vácuo de surdez.

No caso do motorista de táxi, a questão era ainda mais inquietante. Haveria mundos dentro de um só indivíduo que estão tão distantes um do outro que sua intercomunicação é impossível? Na verdade, estamos retomando a questão de como é possível o conceito de um Gandhi que é sexista.

Esta questão da comunicação entre mundos distintos é tratada milenarmente sob a forma do estudo de "como responder ao herege". Muitas tradições se debateram com esta questão: como era possível que aquilo que era tão claro, óbvio e objetivo para eles pudesse ser descartado por outros, muitas vezes como algo que não fazia sentido e que, por isso, rejeitavam. Esse é o sentido da palavra herege: aquele que transgride os princípios, ignora-os ou rejeita-os.

O incrível de minha experiência no táxi era perceber que existem "hereges" dentro de nós mesmos – segmentos de nosso comportamento que espezinham e fazem pouco caso daquilo que, para outros segmentos, é fundamental. A pergunta resume-se, portanto, à seguinte formulação: Existe possibilidade de diálogo com o herege? É ele uma entidade incomunicável com aquele que se considera não herege?

Uma das mais importantes propostas do código de ética na tradição judaica (Pirkei Avot) enfatiza: "Saiba responder ao herege!" Esta resposta é muito difícil, o que explica a sugestão de que se "saiba" e não que meramente se responda ao herege. Aquele que não "sabe" e busca responder a ele ficará extremamente frustrado e poderá até tornar-se violento. Isto porque o herege vive uma condição que faz com que toda resposta volte a seu estado original de pergunta. Este conceito é importante.

Diferentemente da possibilidade de responder-se a uma pergunta com outra pergunta, que pode aprofundar um debate e suas "respostas", o herege reverte as respostas a sua condição de pergunta. O herege não dispõe de fundamentos que compreendamos e em que possa se basear nosso discernimento. Um computador IBM não pode conversar com um Macintosh – qualquer solução de um será revertida no outro a milhares de questões de lógica. No entanto, sua comunicação é possível. Usando-se um meio tradutor, e havendo entre as linguagens uma capacidade lógica similar, elas podem se comunicar.

Devemos perceber que no caso do táxi não estamos mais tratando da infração do motorista que é da ordem do poder judiciário ou, como popularmente se diz, "É caso de polícia". Estamos nos transportando para a condição humana deste motorista e identificando em nós mesmos comportamentos similares que se expressam de diferentes formas e em diferentes ocasiões. Estamos tentando estabelecer o contato entre o motorista e o devoto presentes naquele mesmo indivíduo e não estamos conseguindo "linha". O sinal que vai volta; e motorista só se comunica com motorista, e devoto com devoto.

Em nosso caso, saber responder ao herege é saber, do ponto de vista do devoto que se persigna, responder ao motorista que trapaceia. Se nós, enquanto passageiros, insistirmos em falar com o devoto, encontraremos sempre dificuldade de linha. Estaremos sendo interceptados pelo motorista, sem estabelecer uma conversa com o herege. Isso porque o motorista, em relação ao passageiro, não é um herege de si mesmo: só poderá tornar-se um herege diante de sua própria condição de devoto. Portanto, a única forma de estabelecer comunicação é, na condição de passageiro, fazer-me compreender enquanto um devoto. Traduzir-nos de passageiros também em devotos é instaurar uma comunicação tão incrível, tão espetacular que só pode ser capturada por nossa imaginação como a possibilidade de nos comunicarmos com outros mundos. Esta é a única maneira de conectar dois mundos paralelos dentro de um só indivíduo que, uma vez que se encontrem, jamais poderão continuar a existir da maneira como previamente o faziam.

Os seres humanos conhecem esta incrível experiência já há milênios. Ela é representada por uma palavra que muito raramente é compreendida em sua profundidade verdadeira. Uma parábola de Louis Ginzberg em *Legends of the Jews* irá nos ajudar:

> Certa vez, um anjo cometeu uma irregularidade nos céus o que é em si um caso raríssimo. Foi trazido diante do Tribunal Celeste e implorou por misericórdia. D'us sentenciou: "Não irei te punir, mas como expiação pelo que fizeste terás de descer ao mundo e trazer-Me o que de mais precioso lá existe."
>
> O anjo imediatamente voou para a Terra e percorreu vales e montanhas, rios e mares, na procura daquilo que seria o item mais precioso deste mundo. Finalmente, após vários anos de busca, o anjo chegou a um campo de batalha onde agonizava um jovem e bravo soldado pelos ferimentos que recebera defendendo sua cidade. O anjo recolheu uma gota de seu sangue e retornou aos céus dizendo: "Senhor, esta é, sem dúvida, a coisa mais preciosa daquele mundo." Ao que respondeu o Eterno: "Isto é precioso a Meus olhos, anjo, porém não é o que de mais precioso existe naquele mundo."
>
> O anjo retornou e continuou sua busca. Deparou-se então com uma enfermeira que morria num hospital devido a uma enfermidade que contraíra ao prestar assistência a outros doentes. Seu último suspiro de vida foi o que o anjo capturou e levou diante de D'us.

No entanto, apesar de reconhecer a preciosidade deste suspiro, também rejeitou-o como o que de mais precioso existia no mundo.

Mais uma vez o anjo voou para o mundo. Nesta sua nova empreitada, acabou por encontrar um homem irado que galopava por entre uma escura floresta. Ele estava armado com flechas e espada e se dirigia para a cabana de seu inimigo para matá-lo e dele vingar-se. Quando se aproximou da cabana, pôde ver, através da janela, a família de seu inimigo em seus afazeres diários, sem que suspeitassem de qualquer coisa. Pela janela, viu a esposa de seu inimigo colocar o filho pequeno para dormir, instruindo-o a rezar e agradecer a D'us pelas bênçãos de sua vida. Enquanto olhava e era capturado por esta cena, o cavaleiro esqueceu-se, por instantes, de por que tinha vindo. Lembrou-se de seus próprios filhos; de como sua mãe costumava colocá-lo para dormir e como o ensinara a rezar. O coração deste homem derreteu-se, e uma lágrima rolou de seu rosto. O anjo, de imediato, tomou esta lágrima e retornou aos céus dizendo: "Senhor, isto é o que de mais precioso existe lá – a lágrima do arrependimento."

D'us fitou o anjo e concluiu: "Realmente, anjo, trouxeste para Mim o que de mais espetacular existe naquele mundo. O arrependimento abre os Portões Celestes. É, sem dúvida, o que de mais precioso existe a Meus olhos."

O termo *arrependimento* exprime esta experiência humana na qual dois mundos, até então incomunicáveis, fazem contato. É o momento em que o herege compreende o devoto, e o devoto, o herege. É o instante em que duas essências da qual somos constituídos estabelecem uma relação e se equalizam. Desta experiência que é tormentosa, como quando frentes de baixa e alta pressão se encontram, se condensam lágrimas muito especiais. Estas lágrimas são de tal ordem catárticas e transformadoras que ninguém que realmente as experimente pode continuar a ser o mesmo.

Para os seres humanos, portanto, a tradução de uma lógica para outra que existia até então de forma compartimentada recebe o nome de "arrependimento". É uma experiência em que não somos convencidos por nada externo, mas que é percebida por uma lógica, como se a outra fizesse sentido pelos mesmos princípios que esta. Representa a integração de um indivíduo a si mesmo e é vivida com uma profunda alegria existencial, destas que integram choro e riso.

Quanto mais experiências de arrependimentos tem um indivíduo, quanto mais interligações entre seus mundos paralelos, mais inteira é sua experiência de vida e sua relação com o mundo que o cerca. É como se fizéssemos de nossa alma um sistema de vasos comunicantes e, ainda assim, estivéssemos representando sua integridade. Novamente o conceito "holográfico" surge como modelo do que é inteiro mesmo em sua parcialidade.

Com certeza, ainda estamos interessados em saber o que fazer com o motorista de táxi. Devemos aprender a responder ao herege que existe dentro deste motorista. Fazer isto significa, como em nossa lenda sobre o anjo, permitir que, dentro da lógica do motorista, faça sentido a lógica de que ele já dispõe por meio de sua dimensão devota. O meio para que faça sentido, como na história, é o amor e a identificação. Muitas vezes, não conseguimos responder ao herege porque estamos ainda na dimensão do motorista e não do devoto. Queremos exigir seu reconhecimento do erro com a mesma gana com que este nos rouba ou trapaceia. Queremos uma justiça implacável que é da mesma ordem e natureza do descompromisso que o motorista tem para conosco enquanto passageiros.

Quantas vezes ficamos doentes por conta do cinismo com que aquele que nos faz algo de mau se investe. Passamos a exigir sua retratação e o colocamos contra a parede numa situação em que nos parece se evidenciar seu comportamento como condenável. Mas de nada isto adianta, ao contrário, recrudescem o cinismo e a violência do outro. Quando assim for, saiba que você não está sabendo responder ao herege. Você está tornando esta pessoa "impune". No seu desejo de puni-la, está permitindo que se refugie na única possibilidade de real impunidade que existe para um ser humano – sua ignorância. Se, ao contrário, conseguir conectar mundos, por mais "não punida" que uma pessoa seja por seus delitos, certamente não encontrará a "impunidade".

Assim sendo, não é obrigação de uma sociedade cuidar para que todo o crime encontre punição na medida exata, mas sim que não haja "impunidade" na medida exata dos delitos. Cabe a uma sociedade não perder a comunicabilidade entre o coletivo e o indivíduo que faz com que seus membros possam "arrepender-se". E esta comunicação se perde em duas situações: 1) quando não há uma dimensão de "devoto" em cada um de seus indivíduos ou 2) quando não há um mínimo básico de equidade numa sociedade.

Estes dois itens significam que existem duas coisas imprescindíveis se queremos viver numa sociedade na qual o arrependimento é sempre uma possibilidade, e é possível saber falar com o herege. É preciso um mínimo de educação para que exista uma dimensão de lógica na justiça, ou do que estamos chamando de um "devoto dentro de nós". É preciso também que exista a possibilidade que permitiu ao cavaleiro irado de nossa história penetrar na realidade de seu adversário, ou seja, a capacidade de identificar-se.

Se este homem de nossa história não tivesse a memória de um lar e de seus filhos no momento em que eram colocados na cama; se não tivesse tido a possibilidade de uma mãe que o pusesse para dormir e o ensinasse a rezar, jamais teria tido a capacidade de produzir aquela lágrima tão especial. Teria destruído seu inimigo e, por mais perplexos que ficassem os que tiveram a experiência de uma mãe que os colocava para dormir, por mais que se estarrecessem com o que lhes pareceria totalmente herético, não haveria, por meio desta indignação, qualquer possibilidade de "resposta" ao herege dentro do outro.

Percebemos, assim, que saber responder ao herege não é apenas um ato, uma frase ou mesmo um gesto, como talvez estivéssemos esperando como desfecho do incidente com o motorista de táxi. O campo de batalha para encontrar uma resposta ao herege nada tem a ver com a tentativa de explicar uma lógica que lhe é externa. Diríamos: "O senhor acha isto que está fazendo correto?" Responderia o herege: "Não, mas, e daí?" Da mesma forma, não encontraríamos resposta ao ativarmos externamente sua compaixão. Diríamos: "... meu amigo, eu sou como o senhor... também trabalho..." Responderia o herege: "É... o senhor acha?"

Nossa capacidade de responder aos hereges surgirá, à medida que criarmos uma sociedade mais justa, onde os princípios (que, ao serem desrespeitados, nos deixam indignados) sejam compartilhados por uma massa crítica suficiente para torná-los parte do campo de força coletivo. Neste dia, que já é realidade em outras sociedades, poderão até existir "motoristas de táxi" que sejam desonestos. No entanto, não serão sequer elevados à categoria de herege – não estarão colocando em jogo os princípios. Serão casos de "polícia" num mundo onde, felizmente e infelizmente, o coletivo não significa todos.

O passageiro deste táxi poderá descansar, poderá ser roubado, mas, com certeza, não terá sobre si, enquanto indivíduo, a responsabilidade de ter de responder a nenhum herege.

Do sábio/discurso ao profeta/ação

O FILÓSOFO A. J. HESCHEL*, ao comentar por que se interessara pelo estudo da mensagem dos profetas, fez a seguinte declaração:

"Os profetas atraíram minha atenção durante os anos de minha vida acadêmica, quando fiquei tão absorvido por aquele ambiente que tornei-me uma pessoa isolada, autossuficiente e autoindulgente. Tornei-me uma pessoa que encorajava a suspeita, em vez de o amor pela sabedoria. Percebi que as respostas dadas não tinham relação com os problemas... Gradativamente fui compreendendo que os termos, as motivações e as preocupações que dominam nosso pensamento podem resultar destrutivas às raízes da responsabilidade humana e traiçoeiras aos mais fundamentais princípios de solidariedade humana."

Esta não é apenas uma realidade da academia, mas de todas as esferas da vida moderna. Tornamo-nos, pouco a pouco, imersos em nossas próprias questões e circunstâncias de vida e nos isolamos. Buscamos depender o mínimo possível dos outros e passamos a compreender nossos motivos e impulsos aci-

---

* *The Prophets*, Jewish Publication Society, 1962.

ma de qualquer outra coisa. Conseguimos, com este exercício constante, uma percepção de que o mundo existe para servir-nos e que qualquer relação que ocorra neste mundo é de ordem diplomática – nossa concernência frente ao mundo se resume a estratagemas de como manipulá-lo para obter deste o máximo possível. Passamos cada um a habitar sua própria dimensão, seu próprio mundo. Acabamos absorvidos por nossas próprias causas e nos tornamos hereges em potencial para qualquer outro ser. O proveito próprio passa a ser o fundamento básico de nossos princípios e qualquer outro que tenha interesses próprios será, por definição, herético em relação àquilo que julgamos absoluto – a nós mesmos. A figura do mafioso ou do "politiqueiro" inescrupuloso está sempre vinculada a este amor-próprio que comove e enoja. Na verdade, todos nós desenvolvemos traços semelhantes em maior ou menor intensidade.

Transformamos nossa relação com o outro numa relação Eu-Isto, como definiu Martin Buber. O outro não é reconhecido em sua condição de "outro", ou seja, de um igual. Todos os seres se transformam em meios, em utilitários de nossos desejos. Contribuímos, assim, ativamente para a destruição de qualquer vínculo de solidariedade e instauramos uma realidade na qual não haja arrependimento.

Isto, no entanto, não se traduz apenas por meio de uma postura delinquente ativa, mas, principalmente, como Heschel descreveu, nas relações mais corriqueiras e "aparentemente" inofensivas com o mundo a nossa volta. E o sintoma é claro: nos tornamos insensíveis e participamos das questões coletivas apenas como curiosos. Como se palpitássemos sobre algo que não nos diz respeito. Passamos, assim, a abordar quaisquer questões que não sejam de nosso interesse direto e imediato com total falta de sapiência. Isto porque nossas respostas e sugestões ao mundo não estão conectadas com suas verdadeiras questões. Doamos ao mundo nossas suspeitas e conjecturas com a frieza e o distanciamento de quem sugere a decoração de uma casa onde não irá viver. A sapiência é o produto da interação do intelecto com um profundo senso da realidade. Senso este que o egocêntrico desconhece.

Uma das maneiras pela qual este mito do "tudo por mim" adentrou a realidade deste país e de toda a comunidade internacional foi por meio da ideia de "fazer-se o primeiro milhão". Este "sonho", típico do ideal do "milagre brasileiro", emitia uma mensagem muito clara. Para que queríamos o "primeiro milhão"? Para que, uma vez que dele dispuséssemos, pudéssemos não ter mais de interagir com os outros. O primeiro milhão era o símbolo da independência, de não ter mais que precisar dos outros e "não dever mais nada a ninguém". Tal concepção está na contramão da consciência ecológica e orgânica de que o bem-estar do "um" depende do bem-estar do "todo".

Os profetas eram porta-vozes de uma batalha que é a própria essência da trajetória da civilização humana: vencer a tirania da valorização do conhecimento, da riqueza e do poder. Todos estes três elementos são sintomáticos da atração que a recompensa imediata exerce sobre a matéria. Para os profetas a questão se centrava na capacidade de instaurar na História um campo de força coletivo que pendesse para a generosidade, a justiça e a integridade e, estaríamos assim, determinando a sobrevivência da sociedade e o sucesso da espécie.

Na verdade, os profetas vinham trazer uma terceira proposta que mediava entre o mundo da iluminação e da sabedoria e o mundo da ação. Era este o mundo da "responsa-habilidade". Se os indivíduos preservassem sua capacidade de "responsa" (responder) nos momentos em que se vissem chamados a defender a dignidade e a honra de sua humanidade, esta seria a grande revolução-revelação. Se cada indivíduo pudesse cultivar sua divina capacidade de denunciar os hábitos, a complacência, as arrogâncias, os caprichos e as injustiças de nossa sociedade, o mundo seria transformado pela prática da responsa-habilidade.

Para os profetas, a única maneira de combater a injustiça percebida e vivida por cada indivíduo se daria na compreensão de que devemos ser absolutamente intolerantes a qualquer forma de injustiça perpetrada contra qualquer sujeito. Sua meticulosidade e acuidade na realização desta tarefa fizeram com que ganhassem o título em hebraico de *meshugaim* – loucos.

Certa vez, presenciei uma cena num laboratório médico que pode ilustrar alguns pontos. Havia uma grande desordem na fila de cadastramento para os exames. Pessoas com hora marcada misturavam-se a outras que buscavam marcar hora, e os funcionários não conseguiam dar ordem a seu trabalho. Na fila, as pessoas prejudicadas balbuciavam expressões de indignação e faziam suas queixas de modo que uma ou outra palavra de protesto fosse ouvida pelos funcionários. A balbúrdia perdurou até uma senhora perguntar de maneira clara e em bom tom: "O que é que está acontecendo aqui? Quem é o gerente ou o responsável por este lugar?"

A princípio, todos se entreolharam como que reconhecendo a "insanidade" daquela mulher que saía de sua condição de integrante da fila para a de contestadora de todo um sistema. Quanto mais ela insistia e fincava pé, exigindo que lhe trouxessem o responsável pelo laboratório, mais nítida era a sensação de que ela agia de modo impróprio e como uma louca "louca" – *meshugá*.

Sua insistência e perseverança fizeram com que o diretor do laboratório fosse trazido até sua presença. Diante dele, a mulher explicou o que estava acontecendo, sem utilizar-se de expressões genéricas e agressivas do tipo "Isto aqui é uma bagunça". Sem o histerismo de "isso é Brasil mesmo..." ou coisas do gênero, ela sugeriu ao diretor que instituísse duas filas distintas, com uma placa identificando-as. Informou que não muito longe dali havia uma papelaria que vendia este tipo de placa. Seu modo de agir – procurar a autoridade competente, indicar-lhe o problema e sugerir soluções – foi de uma incrível eficácia, deixando todos na fila perplexos. O diretor de imediato pediu que uma das funcionárias fosse até a papelaria e tomasse as devidas providências.

De tudo, no entanto, o que mais chamava a atenção de todos era o fato de que, apesar de termos discriminado aquela "maluca", ela não deixou de exercer sua responsa-habilidade. Com isto, ficava claro que, fosse qual fosse a situação a ser consertada, os culpados podem ser poucos, mas os responsáveis são todos. Ao não fazermos uso de nossa capacidade de resposta – o que é nossa responsabilidade –, todos nós passamos a ser coniventes com a balbúrdia reinante naquele laboratório. Não havia possibilidade de organizá-lo, ou reorganizá-lo, sem antes mexer na consciência de todos que estavam naquela fila.

Todos participavam das "injustiças" ali cometidas por não estarem sabendo responder à altura do que exigia o momento. O mesmo podemos dizer de qualquer indivíduo ou instituição que não responda condignamente a uma determinada injustiça – eles se tornam parte dela.

O exercício de nossa "responsa-habilidade", de nossa capacidade de reagir, é fundamental e devemos compreendê-lo como uma arte, essencial até mesmo para a sobrevivência de nossa espécie, como sugeriam os profetas. Se entre os animais a capacidade de responder e reagir a estímulos é parte integrante de seu instinto e elemento indispensável para sua preservação, podemos supor que entre os humanos, levando em conta a consciência e o discernimento, cada vez que não respondemos na medida de nossa lucidez, comprometemos nossa chance de sobrevivência e preservação.

Revisitando os Dez Mandamentos

OS DEZ MANDAMENTOS são uma espécie de pedra fundamental da organização social do Ocidente em torno do direito e da ética. Sua principal característica não diz respeito à preocupação com a punição, mas sim com a "impunidade". Não é por acaso que nenhuma das leis contidas nesta constituição-original estabelece qualquer medida punitiva pelo desacato a suas proibições ou pela negligência em relação a suas imposições. Os Dez Mandamentos, na verdade, buscam simplesmente definir áreas da vida nas quais a natureza humana é vulnerável e suscetível a comportamentos que vão contra seus próprios interesses.

É uma espécie de manual que o Criador dá a suas criaturas para que conheçam melhor seu próprio funcionamento e para que possam cuidar da manutenção de si mesmos. Muitas coisas podem ir mal ou dar errado neste mundo, porém os "defeitos" mais comuns, aqueles que devemos checar primeiro – como indica qualquer manual do usuário – relacionam-se com o decálogo.

Vamos buscar resgatar o sentido "vivo" destes mandamentos como uma expressão da dimensão da "impunidade" e não da punição, como muitas vezes os compreendemos. Buscaremos percebê-los não como uma proposta opressora, mas como a consciência de que a punição está embutida na própria disseminação da "impunidade"; de que o verdadeiro "castigo" humano é a não realização plena de suas potencialidades. Ou melhor, estamos simbolizando na palavra "impunidade" o sentido daquilo que fere os princípios e é, exatamente por isto, uma "punição". Estamos, portanto, tentando explicar a nossas próprias mentes – tão habituadas ao concreto e não familiarizadas com este conceito –, a ideia de "punição" numa dimensão onde não há nem punição nem recompensa.

A busca destes mandamentos não está relacionada à implantação de um regime "tirânico" da justiça, no qual a caça implacável por esta justiça muitas vezes é terreno fértil para a injustiça. Os mandamentos visam apenas à erradicação da injustiça. Envolvem o mundo do estímulo e não o da coibição. Isto porque reconhecem que a dimensão da punição não é uma terapia, mas um sintoma. O vômito pode representar momentaneamente um alívio ou a alternativa única de que dispõe um organismo. No entanto, confundi-lo com terapia é perder as sagradas oportunidades que a natureza nos oferece do que é orgânico, ao expor os erros e desacertos antes de instaurá-los.

Estes mandamentos ajudam na arte de manter o equilíbrio de nosso mundo orgânico, como veremos em mais detalhe no próximo capítulo. Por enquanto, tentaremos expor exatamente esta dimensão do estímulo que os mandamentos almejam. Faremos uma releitura deles, resgatando suas instruções para intervirmos não como sociedade sobre o indivíduo, mas na própria essência do indivíduo. Para isto, utilizaremos um comentário dos mandamentos feito pelo rabino David Blank*, baseado em

---

* Em seu trabalho *MetaSidur* quando comenta o autor R. Edinger e sua leitura de Jung sobre Moisés.

noções do psicanalista C. Jung, e que aqui adaptamos para nossos fins. Apresentaremos, portanto, os mandamentos seguidos de comentários que visam a traduzi-los sob a forma de estímulos e impulsos, que seriam a verdadeira origem dos delitos que se expressam na coletividade como crimes sociais.

1) *Eu sou Teu D'us*[...] *que te tirou do Egito, da casa da escravidão e da dependência.*
Eu falo a ti como o centro que organiza tuas vidas como uma unidade e não uma multiplicidade. Eu te auxiliei quando te encontravas em estados profundos de dissociação psíquica, quando a unidade do que te centrava estava perdida ou inacessível. Eu sou aquele que te impulsiona para fora de teus vícios e hábitos que te são como uma moradia de escravidão e dependência.

2) *Não deverás ter outros deuses*[...] *Não farás para ti nenhuma imagem*[...] *nem te curvarás para outros deuses*[...]
Apesar de teu ego desenvolver-se a partir de estados iniciais de idolatria, em que um único aspecto arquetípico ou a parcialidade de uma força é exaltada em vez (e à custa) do Todo, não permaneças nestes estágios primitivos de desenvolvimento para sempre. Ultrapassa teus apegos e não pautes a tua vida pelo cenário de tuas ilusões.

3) *Não tomarás o nome de teu D'us em vão*[...]
Não ajas, fales ou reivindiques em relação a ti como se estivesses em harmonia com o *Self*, operando a partir de uma posição de integridade, de totalidade. Esta é uma perigosa desconsideração para com a força e a realidade da "sombra". Querer impor ao universo tuas expectativas baseadas na com-

preensão do que te é próprio e daquilo que para ti honra o que deve ser honrado, é tomar o Todo por uma ordem que exclui de si seu componente de caos. Por caos se expressam toda a realidade nossa que não está em nós integrada e a realidade dos outros que não conseguimos capturar sob nenhuma forma de "ordem".

4) *Lembra do dia de sábado, para mantê-lo sagrado*[...] *seis dias trabalharás e farás todo o teu trabalho*[...] *e no sétimo dia descansarás*[...]
Sabe abrir tempo em tua agenda para teus objetivos transcendentes. Reserva um tempo específico da tua semana para que possas descansar de teus objetivos secundários e reconhecer propósitos maiores. Os sábados são consolidadores de níveis de desenvolvimento moral superiores, nos quais nossa vida se relativiza de acordo com seus princípios. É um tempo para avaliarmos as exigências dos dias da semana e nossos métodos e critérios de sobrevivência.

5) *Honra teu pai e tua mãe*[...]
Respeita e mantém sagradas as imagens arquetípicas dentro de ti, tal como tua sábia anciã e teu sábio ancião, que te conectam com as raízes da árvore da vida da qual és apenas um broto. Esta conexão de honradez é fundamental na composição ética de um indivíduo. O reconhecimento de um amor profundo recebido dos arquétipos pai e mãe é que sustenta a possibilidade de qualquer forma de solidariedade e nos agrega enquanto parte do somatório que constitui a "árvore da vida".

6) *Não matarás*[...]
Não represes a ti mesmo em demasia, isto é um autoassassinato. Não negues o direito à existência a um ou mais de teus

conteúdos psíquicos em tua consciência. Tal ato mata para dentro, frustra e é a base do *iceberg* do comportamento que mata nas ruas e na sociedade.

7) *Não cometerás adultério*[...]
Não confundas e não adulteres o que é material valioso com algo que é inferior. Trata de não violentar a percepção de teus mais nobres valores e princípios ao voltar tua atenção para aqueles que são menores. Controla as alfândegas de tuas buscas maiores para que não sejam invadidas pelo contrabando de tuas necessidades rotineiras.

8) *Não roubarás*[...]
Não sejas presunçoso ao identificar teu ego inflado como sendo o próprio *Self* pelo qual tu deves te expressar neste mundo. Se assim for, perderás a capacidade de distinguir entre o que te pertence e o que não te pertence neste mundo. Sabendo desenvolver segurança em relação àquilo que realmente te pertence e disseminando confiança de que reconheces os limites do que a ti pertence, encontrarás um referencial seguro e saberás quem és.

9) *Não levantarás falso testemunho contra teu vizinho*[...]
Sê honesto com relação à tua "sombra" (teu vizinho, o teu caos) e não queiras negar sua existência ao dizer: "Eu sou bom. A fonte do mal é encontrada no outro." Este é mais um mandamento que é desrespeitado nas fases primárias do desenvolvimento do ego. No início, é preciso que se neguem as "sombras" para permitir que o ego se cristalize. Desta maneira, faz-se necessário dizer que "não sou assim" como forma de expressar as primeiras conquistas daquilo que cada um é na realidade. Uma

O CRIME DESCOMPENSA

vez que o ego tenha se desenvolvido satisfatoriamente, deves então distanciar-te destas fases primárias de negação massiva das sombras.

10) *Não cobiçarás a casa de teu vizinho*[...] *nem sua mulher*[...] *ou qualquer coisa de teu vizinho.* Transforma, por meio de tua consciência, até os desejos mais primais que te surjam. Enquanto o desejo intenso se faz sentir em ti, busca encontrar o desejo (por felicidade, por plenitude etc.) dentro do próprio desejo. Este desejo encravado no próprio desejo pode ser satisfeito de formas mais diretas que não te dividirão em relação a tuas sombras ainda mais do que já estás dividido. Encontra maneiras de chegar a uma paz consciente com as tuas sombras. Desta forma, farás com que D'us se encarne em teus próprios desejos.

Por meio desta leitura dos mandamentos, reconhecemos seu caráter preventivo, muito distinto do frequente entendimento que se tem deles, como sendo de natureza corretiva. Revisitá-los nos faz perceber que, em momento algum, está em jogo a comprovação de que o "crime compensa ou não". A palavra "compensar" não é pertinente às dimensões mais elevadas do desenvolvimento moral humano em relação às quais, com certeza, "despencam" dos céus instruções. A questão está em como evitarmos que o crime, o delito, o equívoco ou o avesso nos descompensem. Impedir que nos desarvoremos por causa deles é cultivar o que é próprio, estético, saudável e é, acima de tudo, a garantia de que o futuro será da maneira que deve ser. Afinal, o mesmo Moisés que foi portador destas instruções conheceu inicialmente o maior de todos os segredos morais. Isto aconteceu quando perguntou, diante da sarça ardente, quem era este D'us que lhe falava. A resposta, cifrada para aqueles não iniciados, foi: "Eu Serei o que Será."

Moisés ouvia a fórmula unificada da matriz ética máxima para os seres humanos. Nosso D'us não é reverenciado por aqueles que anseiam para que "seja o que quiserem que seja", mas por aqueles que anseiam pelo "que será porque assim deve ser".

Zen e a arte de manutenção do Brasil

No capítulo anterior, buscamos decodificar os Dez Mandamentos de maneira a compreendê-los não como exigências externas a nós, mas como esforços de nossa própria consciência de onde a voz da sobrevivência e da preservação nos fala por meio de seu mais sofisticado aparato. Tal como ocorre com as crianças que aprendem seu caminho por meio do coibir e do indicar daqueles que as educam, para grande parte dos cidadãos as instruções da lei parecem externas e confirmadas por suas recompensas e punições. É só quando conseguimos vencer o abismo que existe entre a ideia de *comandante* e *comandado*, quando percebemos ambos como sendo uma única entidade, que os mandamentos e a "lei" fazem sentido.

A sapiência de uma nação está na capacidade de fazer com que sua cultura e seu legado civilizatório transcendam a dimensão da imposição e da disciplina. Seus membros devem compreender os valores inerentes à cidadania como sendo uma extensão de seus próprios interesses e não os do Estado, das autoridades ou do coletivo. A cultura que não realiza isto se torna falida e dependente da autoridade externa e da força para impor algo que, se imposto a uma massa crítica suficientemente grande, perde a legitimidade de impor-se.

Certa vez, observei um técnico que consertava um aparelho de televisão e percebi que ele girava os botões com grande cuidado e controle. Sua atenção estava toda voltada para girá-los na medida exata. Cada vez que o monitor se desestabilizava, quando ele girava um botão para um lado, cuidava para não supercompensar, indo para o outro lado em demasia. Percebia que, se permitisse a seu instinto exagerar para o outro lado, a calibragem seria muito mais difícil. Teria então de calcular uma supercompensação para corrigir seu exagero no outro sentido. É, na verdade, necessária a arte da paciência e do cuidado para consertar-se uma descompensação.

Um país descompensado pela falta de ética não deve "girar bruscamente os botões" para o lado na expectativa irreal e também desumana de exigir cidadãos e representantes "angelicais". O custo disto pode expressar-se na necessidade de compensar-se os botões novamente de forma brusca, partindo do lado da ilusão de volta ao da realidade. A arte está em calibrar-se, pouco a pouco, indo da realidade à utopia e vice-versa, até que outros níveis de estabilidade sejam produzidos.

Esta arte se impõe aos cidadãos e, em particular, àqueles que detêm maior poder de representatividade. Podemos tomar um exemplo que nos fará compreender alguns conceitos importantes.

Um representante público foi convencido a tentar aprovar que se elevasse o gabarito de um grande prédio em construção. Como recompensa por seu "esforço", teria direito a dez por cento do valor de venda de cada andar acima do gabarito permitido que conseguisse. O dinheiro representava uma soma considerável e aparentemente, apesar de debater-se com a questão, não conseguiu uma boa razão para não aceitar a proposta. Afinal, que grande mal se causaria à humanidade se o prédio tivesse alguns andares a mais? Seguindo o conselho de um amigo que se considerava "ético", resolveu doar parte de seu suborno a populações carentes. Desta maneira, por um pequeno desvio das normas, além de se beneficiar, auxiliaria inúmeras pessoas tão necessitadas.

Quem de nós resistiria? E se um amigo, ou mesmo vários, nos encorajasse a fazer isto? Resistiríamos? A verdade é que, com um gabarito alterado, descompensa-se uma sociedade. Ainda que o representante público doasse todo o dinheiro recebido na transação à população carente, estaria apenas dificultando ainda mais as coisas. Estaria supercompensando os botões na outra direção, seguro de que "consertaria" a situação, quando, na verdade, esta se tornava ainda mais instável. Quanto maiores a confusão e conexão entre delito e benemerência, mais instável é uma sociedade.

A saída está em pequenos atos singelos, como fazer com que os fundos sociais, que não sejam "supercompensações", cumpram sua função; como também na recusa exatamente àqueles desvios e corrupções que seriam tão compreensíveis que qualquer ser humano perpetrasse. Cada gesto com estas características representa um calibrar gradativo que restitui o equilíbrio.

Uma sociedade pouco precisa dos "maus" e dos "bonzinhos". Basta-lhe os que conseguem ser justos na medida exata do seu direito e responsabilidade. Para atingir-se esta precisão, que gradativamente instaura o reinado do que é próprio, é necessário compreender-se que o "não crime" também não compensa. Isto porque o que é próprio não acresce nosso "fundo de garantia" celeste, serve apenas de aval na aprovação de linhas de crédito automáticas nos céus. De lá advirá também o que é próprio... e a chuva se dará na medida, a terra ofertará seu produto.

Os que realmente compreenderem isto não serão cavaleiros, Dom Quixotes da erradicação da impunidade pela punição. Perceberão que esta atitude gira os "botões" de maneira desproporcional. Eles farão, no entanto, parte de uma massa que não contribui para descompensar e que, em seu somatório, consolida uma estabilidade que é, em si, a paz.

Referências

Cohen, Arthur A.; Mendes-Flohr, Paulo. *Contemporary Jewish Religious Thought*. Nova York: Free Press, 1989.

Roberts, Elisabeth; Amidon, Elias. *Earth Prayers*. São Francisco: Harper Collins, 1990.

Greenbaum, Avraham. *Garden of the Soul: Rebbe Nachman of Breslov On Suffering*. Nova York: Breslov Institute, 1990.

Newman, Louis. *Hassidic Anthology*. Nova York: Schoken, 1963.

Schwartz, Richard. *Judaism and Global Survival*. Nova York: Atara, 1987.

Blank, David Wolfe. *Metasidur*. São Francisco: Independente, 1992.

Leibowitz, Henach. *Majesty of Man*. Nova York: ArtScroll, 1991.

Buber, Martin. *Pointing the Way*. Londres: Humanities Press, 1957.

Heschel, A. J. *The Prophets*. Nova York: Farrar/Straus and Giroux, 1966.

Kushner, Lawrence. *The River of Light*. Woodstock: Jewish Lights, 1981.

Plaskow, Judith. *Standing at Sinai*. São Francisco: Harper Collins, 1991.

Wiesel, Elie. *Sages and Dreamers*. Nova York: Summit Books, 1992.

Silverman, William. *The Sages Speak*. Londres: Jason Aronson, 1989.

Cooper, David. *Silence, Simplicity and Solitude*. Nova York: Bell Tower, 1992.

Kaplan, Aryeh. *Waters of Eden*. Nova York: Orthodox Union, 1982.

Buber, Martin. *The Way of Man*. Nova York: Citadel Press, 1962.

Este livro foi impresso na Editora JPA Ltda.,
Av. Brasil, 10.600 – Rio de Janeiro – RJ,
para a Editora Rocco Ltda.